少年爱读世界史

管家琪——著

①

埃及女王，为什么你爱戴上假胡子？

重庆出版集团 重庆出版社

版贸核渝字（2021）第048号

图书在版编目（CIP）数据

少年爱读世界史. 1, 埃及女王，为什么你爱戴上假胡子？ / 管家琪著. -- 重庆：重庆出版社, 2021.12

ISBN 978-7-229-15994-8

Ⅰ.①少… Ⅱ.①管… Ⅲ.①世界史—青少年读物 ②埃及—古代史—青少年读物 Ⅳ.①K109②K411.209

中国版本图书馆CIP数据核字（2021）第168776号

少年爱读世界史1：埃及女王，为什么你爱戴上假胡子？

管家琪　著

出　　品： 华章同人

出版监制：徐宪江　秦　琥

责任编辑：徐宪江

特约编辑：张超琪　马巧玲

责任印制：杨　宁

营销编辑：史青苗　刘晓艳

封面设计：框圈方圆

版式设计：书心瞬意

内文插画：周健美

重庆出版集团
重庆出版社　出版

（重庆市南岸区南滨路162号1幢）

投稿邮箱：bjhztr@vip.163.com

北京毅峰迅捷印刷有限公司　印刷

重庆出版集团图书发行有限公司　发行

邮购电话：010—85869375/76/77转810

重庆出版社天猫旗舰店
cqcbs.tmall.com

全国新华书店经销

开本：787mm×1092mm　1/16　印张：11.5　字数：143千

2022年2月第1版　2022年2月第1次印刷

定价：45.00元

如有印装质量问题，请致电023—61520678

总序　为什么我们要读世界史？

✳ 管家琪

也许你会遇上这样一个朋友：她特别好强，成绩一直名列前茅，对自己和周围的人都有些苛刻，可是对小动物和大自然却有着纯粹的爱心。也许你会好奇：她的家是什么样子的？她的爸爸妈妈是做什么的，又是怎么教育她的？为什么她会在如此热爱大自然的同时，对人似乎总是不大友善？

也许你也会遇上另一个朋友：他比较文静，平时很少主动说话，下课时总是趴在桌上睡觉。你知道他住得挺远，放学后总是一个人坐着公交车离开。也许你会好奇：为什么他会到这么远的地方来上学，当初这是他爸爸妈妈还是他自己的意思？现在他们全家又是怎么看待这个决定的？

也许你还会遇上一种朋友：她为人随和，很少和大家在一起哄闹，也很少有什么强烈的意见，从来不会刻意要求什么。她身边总有几个朋友，但是真正算得上深交的好像又没几个。也许你会好奇：她的过去是什么样子的？在她的成长之路上有没有发生过什么特别的事？为什么她似乎总是很难真正对别人敞开心扉，似乎总是与人保持着一定的距离？

如果我们不了解一个人的成长背景，包括生活的经历，便无法明白一个人为什么会成为现在这个模样。单独一个人是如此，由许多人所组成的社会、民族、国家，以及文明，也是如此。

　　这个世界，在我们到来之前，已经存在了很长很长的时间。各个民族与文化，在不同的地理环境中，自然而然地成长，经历过不同的世事变迁，孕育了他们各自对世界的理解，然后渐渐成为我们今天所认识的模样。过去的人，他们所经历的过去的事，透过文物证据与文献记载所留下的宝贵数据，再经由后人的发掘、考证与解读，就成了我们今天所看到的历史。

　　总之，如果不了解历史，我们便无法明白世界为什么会成为现在这个模样；而如果不了解世界现在的模样，我们便难以给这个世界塑造一个更理想的未来。

　　这套《少年爱读世界史》所讲述的范围是整个世界，而不是某一个地区、民族或国家。在 20 世纪 60 年代以前，以单个民族国家作为历史研究的单元（比如说中国史、英国史、法国史等），一直被认为是历史研究最合适的方式，那么，为什么现在我们需要从整体世界的角度来讲述历史呢？

　　这是因为到了 21 世纪，我们需要一个全球化的视角与观点。随着时代的变化，尤其是网络的发展与全球性移民不再是特殊现象以后，人与人之间的交流越发频繁。现代人无论住在哪里，都比过去更容易在生活中遇见与自己历史文化背景截然不同的邻居。在过去很长一段时间之内，用来区隔人与人的民族、国家等社会学的边界概念已逐渐被冲淡，一个崭新的、以全人类为背景的人类文化正在逐渐形成。

　　同时，与 20 世纪末一派乐观的地球村情绪不同，21 世纪的我们，正面临着全球化在城市与乡镇发展权为不平衡的困境。在当今保守主义与排外思潮崛起的情况下，如何平衡多元文化与传统文化之间的冲突，也是需要我们思考的问题。

所以我们应该读世界史，而且需要系统地顺着时间脉络来读世界史。

这就是这套《少年爱读世界史》的特色，这套书侧重西方史，但也会不时呼应、对照同一时期的中国史；这套书注重时间感，也注重人物，因为历史本来就是"人的故事"，而且注重从多角度来呈现一件件重要的史实。

最后，感谢字敲文化，让我有机会来做这样一件极有意义的工作。也感谢老友伯理，他给了我极大的协助，让我能顺利完成这套世界史的写作。同时还要感谢重庆出版集团各位同仁的支持和辛勤付出，这么快就让《少年爱读世界史》简体中文版与祖国大陆的读者见面。

目录

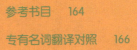

第一章

奇妙的神话和工具

在我们看不见的遥远过去，远古的人类运用想象力，

以神话解释自然变化，会用石头制作器具，还发明文字……

这些神话、文字和工具，穿越时空，向我们传送讯息……

历史究竟是从什么时候开始的？

从前从前……

很多故事都是这样开始的。

"从前"到底是多久以前呢？

也许你会说，当然是有王子、公主的时候啊！

如果是比这更久以前的"从前"呢？

也许你会想，那就不讲外国的好了，讲中国的吧！对，就说孔子那个时候，这应该够久了吧！校园里看到的孔子像都是穿着古装的嘛！

没错，"至圣先师"孔子（公元前551—前479年）距离我们是蛮久的了，那是2500年以前了。从世界史的角度来看，与中国平行的当时是波斯帝国[1]的时代。

1　波斯帝国是以古波斯人为中心所形成的君主制帝国，位于西亚伊朗高原地区，建立于公元前550年。见第六章第二节。

还有没有更久以前的"从前"呢？

也许你会联想到，那埃及人呢？金字塔呢？我们在电影里看到过，感觉都是在很久以前。

其实，埃及人建造的最晚的一座金字塔（约公元前 1500 多年）只比孔子身处的时代早 1000 年左右。

有了有了，也许有人很快就会想到一个肯定算是很保险的"从前"，干脆说原始人就好了嘛！原始人的时代，这应该够久了吧！

原始人真的是很久很久以前了，然而"原始人"这个概念很模糊，是一种泛称，在专家的专业书籍里不会只有一种"原始人"。

不会只有一种"原始人"？这是什么意思？

还是让我们以时间为主轴，从头说起吧。

我们所生活的这个世界到底是从什么时候开始的？这个问题不知道引起过多少人的好奇与兴趣。在还没有科学的时代，人类只能很自然地运用自己的观察力，再发挥想象力，为世界的起源编织许许多多的传说。由于没有

科学常识的限制，各个国家、各个民族在远古时代编造出来的传说所展现出来的想象力往往也都是最奔放的。

关于世界的起源，中国在这方面最有名的传说当属盘古开天地，但另外还有很多少数民族的传说也很有意思。譬如按照中国西南的彝族传说，世界最初是从一头大老虎变成的，然后从"虎头做天头、虎尾做地尾"逐渐变为"虎须做阳光，虎牙做星星"……最后全身都化作世界每一个部分，没有丝毫浪费，感觉颇像是盘古开天地的老虎版，这大概就是古人的"英雄所见略同"吧。

西方自然也有很多关于世界起源的传说，比如，希腊神话中天神宙斯[1]和他的兄弟以抽签的方式瓜分世界，基督教《圣经·创世记》[2]则说，天地万物都是由上帝创造的，等等。

事实上，人类出现在地球上的时间很短。经过现代人类学家的努力，我们知道最早类似人类的动物是南方古猿，因为他们的化石最早在南非被发现。南方古猿有不同的类别，他们的脑容量虽然较小，但已可直立，牙齿也比猿要更接近人类，他们所生存的年代距今 300 万至 200 万年不等。

接下来是能人，距今 200 万至 150 万年左右，生活于非洲东部（也许还有其他地方）。能人的脑容量比南方古猿大，脸和颚比较小，也有了臼齿，更重要的是他们已经能制造一些粗糙的石器，还可能已经有了初级的语言。

再进一步的发展是直立人，生活在大约 180 万年前至 30 万年前，他们的

---

1 在古希腊神话中，宙斯是众神之王，奥林匹斯十二主神之首，是统治宇宙万物至高无上的主神，奥林匹斯许多神祇和希腊英雄都是他的子女。他以霹雳为武器，维持着天地间的秩序。他的兄弟"海神"波塞冬和"冥王"哈迪斯则分别掌管着海洋和冥界。三兄弟中，最为年长的是哈迪斯，其次是波塞冬，宙斯最小。希腊神话可见第二章。

2 《创世记》一开始就是讲上帝如何用六天的时间创造了世界——先有了光，再陆续造出空气、大地、青草、果树、星辰……在大功告成之后，将第七天定为安息日。

化石在非洲、亚洲和欧洲均有发现。直立人又称猿人，譬如 1927 年在中国北京附近周口店发现的北京人就属于这一种。直立人的体质，尤其是四肢结构已经与现代人没有什么太大的差异，只是大脑比较小，头骨比较厚，脸比较扁平，前额比较倾斜，下颚比较突出，他们已经知道用火，会制造手斧之类的器具，建造住处的技术也有进步。

能人与直立人都早已绝迹。而现代人则称为智人，sapiens 这个词在拉丁文中表示"有智慧的"或"聪明的"，今天世界各地的人种都属于智人，在 30 万年前左右首先出现于非洲，到了大约 1 万年前，除了酷寒的南极洲以外，智人已遍布于地球上其他各洲。若与能人和直立人相较，智人的体态比较轻盈，两足站立的步态更稳，有大而圆的头盖骨，鼻子、牙齿与颚都比较小，双手的拇指与其他手指分开，大大提高了做事的效率，脑容量平均有 1350 立方厘米（现代人的脑容量大多超过 1400 立方厘米），他们能够思考，拥有智能，能制造较为精细的工具，也具有语言能力。最后这一点非常重要，因为这么一来，大家就可以相互沟通、交流和传递经验了。

值得注意的是，"世界一家"这样的说法是有某种根据的。有学者指出，现代人虽然有各种不同的种族，但追溯起来最初都属于同一种类的智人，而种族之间的一些差异，譬如肤色，其实最初只是为了适应不同气候而逐渐演化的结果。比如，黄种人的肤色是为了适应寒冷的气候，非洲人的肤色是为了免于受到紫外线的伤害，白种人的肤色则是为了适应多云且阳光稀少的天气。

以上是人类出现在地球上的时间，那么地球又有多大岁数了呢？一般的说法是 45 亿年（也有 50 亿年之说）。

这代表什么？假设你现在正在读的这本书是整个地球的历史，那么，前面全是漫长的洪荒岁月，直到最后一页的最后 30 个字左右，直立人才出现，智人则是到最后 4 个字左右出现，而所谓人类的历史呢？大概只能算最后一个字的最后一撇，甚至可能连一撇都还不到呢。

很惊人吧！

◈ 文字，信史的开端

现在，就让我们来看看人类的历史吧。

一般来说，我们会把人类社会演化的过程分为"史前史"和"历史"两个阶段，划分的关键是着眼于文字的发明。不过也有学者认为这样的划分不大妥当，容易让人误以为史前史时期并不重要。其实早在文字发明以前，人类在社会制度乃至制作器具的技术方面，都已经有了很大的成就，为后来的文明发展奠定了基础，所以也有学者主张应该把整个人类历史分为"石器时代"和"金属器时代"两个阶段。前者约略相当于文字发明以前的时期，我们对于这个阶段的了解，主要是依靠挖掘出来的化石和器物，后者则约略相当于有了文字记录以后的时期。

文字的发明实在是太神奇了，以至于在很多民族的传说中都认为，文字理当是"神"发明的。比如，埃及人认为文字是掌管学问和智能的神图特发明的，希腊人认为文字是负责掌管商业和交通的神赫尔墨斯发明的，罗马人认为文字是众神的使者墨丘利发明的，等等。中国的传说则认为文字是由黄帝的史官仓颉创造的。然而，如此博大精深丰富的文字，绝非一个人的力量所能完成，应该是广大先民共同的智慧和心血结晶。

总之，尽管文字的发明在整个人类文明史上极其重要，但按照中国古书《淮南子》中的形容，是"天雨粟，鬼夜哭"，意思是说，有了文字，就容易有谎言，人类就有可能从此把精力都放在追逐一些不重要的事情上（或许是名利）而荒废了耕种，这么一来天下就会缺粮，于是上天就降下粟雨（"粟"

就是谷子，去壳后叫作小米）；同时，诸鬼也担心有了文字以后，一方面民智渐开，另一方面人们也将容易忙于征战，从此不仅天下不得安生，恐怕就连他们冥界也将不得安宁，于是纷纷在夜晚哭泣……无论如何，文字的发明终究是相当晚的事，通常被视为文明开端的标志之一。

我们可以看看几个例子，譬如埃及的象形文字大约是在公元前 3500 年至前 3100 年发明的，苏美尔人楔形文字形成于公元前 3000 年左右，印度文字则在公元前 1500 年形成。而在中国，一般认为是在公元前 17 世纪开始的商朝（约公元前 1600—前 1046 年）形成成熟的文字，这就是所谓"信史"（比较翔实可信的人类历史）的开端，距今大约 3600 年。

不过，根据近代考古成果，人们又有了一些新的发现，比如在中国发现了一些陶器上的陶文，被认为是比商朝甲骨文还要更早的文字，譬如在陕西西安发现的半坡陶文可能就比甲骨文还要早 2000 年以上，可以追溯至公元前 4000—前 3000 年，只是这还不是定论。

我们只要知道，以人类生存的漫长岁月来说，文字的发明其实是在很短很短时间内所发生的重大事件。

✦ 1953 年春，西北文物清理队在西安浐河东岸发现了半坡遗址，带有半坡文的陶器就在这座遗址中出土

旧石器时代：巧手制作手斧骨针

石器是迄今为止我们已知的人类使用的最古老的工具，人类的远古时代也因此被称为石器时代[1]。

首先，我们不妨先为石器这个词下一个定义。什么叫石器？简单来说，就是用石头所做的器具。重点是，这些石器是谁做的？为了什么而做？怎么做？有哪些种类？……从这一连串问题就可看出，人类的文明在遥远的远古时代就已悄悄地萌芽了。

在这一节中，我们先来认识几种生活在旧石器时代（大约300万—1万年前）的人类。

✦ 旧石器时代的器具刮刀。这一时期的打制石器以粗厚笨重、器类简单、一器多用为特点

◈ 尼安德特人

这个名称的由来，是因为他们的化石是于 1856 年在德国杜塞尔多夫附近的尼安德特峡谷被发现的。类似的骸骨碎片，后来又在欧洲其他国家不少地方陆续有所发现，有的地方还发现了完整的骸骨。

尼安德特人生活在旧石器时代早期末代，距今 40 万年左右，然后到了 35000 至 30000 年前绝迹。他们的身高大约 165 厘米，虽然在体质构造上和猿有相似之处——下颚往后缩、额部倾斜、眉棱（就是生长眉毛的那个略微突起的部位）厚突等，但他们的脑容量已经与现代人没有差别。尼安德特人已经有了使用语言的能力，从他们居住的洞穴中发现有比较大的壁炉这一点来看，可知他们已经有了群居的习惯。

而尼安德特人之所以普遍穴居，很可能与他们生活在最后的冰河期有关。冰河时代开始于大约 100 万至 50 万年前，而最后一次大冰河融化后向北退去的时间大约在距今不过 1 万年。冰河时代在北半球的大冰河曾经四次南侵，范围覆盖欧、亚、美三洲的北半部和高山区域。两次大冰河期间的时间被称作"间冰期"，尼安德特人就出现于欧洲的第三间冰期，所以当最后一次大冰河南下的时候，他们不得不躲在洞穴中抵御严寒。经过漫长的岁月，学者们才得以在洞穴中发现了他们的残骸和生活过的痕迹。

原本最早的石器制作，是把一块适合（大小、形状都适合用手来把握）的燧石，用碰击、击打的方法打掉一些碎片，使这块燧石的边缘变得比较锐利，这样的石器被称为手斧或是拳槌。但尼安德特人似乎已经不再制作手斧或拳槌了，而是以石片大量制作了很多尖头的刀、斧等石器（显然可以让他们在狩猎时更具攻击性），以及一些便于刮、削之用的实用性石器，有些尖头的石器还安上了柄，用起来势必更加得心应手，这些都是长足的进步。

尼安德特人会把死去的人埋起来，还会用工具之类的物品殉葬，这意味着他们很可能已经有了某种宗教信仰，至少是已经会思考关于生死这样的概念。

❖ 克罗马农人 [1]

和尼安德特人的命名方式一样，对克罗马农人的命名也是依照他们的化石被发现的地方——克罗马农人的化石是在法国南部的克罗马农洞穴被发现的。他们生活在旧石器时代后期，大约在公元前 3 万年至前 1 万年。

克罗马农人的身材颇为高大，男性平均超过 183 厘米。他们可以完全直立行走，肩膀宽阔，前额颇高，眉毛不再那么浓重，脑容量更是与现代人无异。

当时正值冰河时期，气候非常严寒，同样是以狩猎作为主要谋生方式的克罗马农人为了获得更多的猎物，制作的石器不仅十分精良，种类也相当丰富，甚至还有不少以其他材质制作的器具，包括用骨头、象牙、驯鹿角制作的器具，以及鱼钩、鱼叉、标枪之类（表示他们也会渔猎）；到了后期，弓与箭也出现了。

从骨针的发现可以看出克罗马农人已经会用兽皮来缝制衣服；从烤肉的壁炉可以看出他们已经有吃熟食的习惯；此外，尤其令人赞叹的是，考古学家在法国南部和西班牙北部属于克罗马农人的洞穴中，发现了许多色彩鲜明、

---

1 若要精确细分，克罗马农人生活的时代属于旧石器时代晚期，这是史前人类一个大狩猎的时代，从今日法国一直到俄罗斯一带到处都发现了大量的兽骨堆积。譬如在今天法国南部索吕特来发现了一个巨大的炉坑，这个炉坑显然是作烧烤之用，因为旁边就弃置了大量曾经烤制过的兽骨，专家估计至少相当于十万头巨兽的遗体，说明当时的狩猎着实惊人。同时，专家推测，当时的狩猎应该是一种有组织的团体行动，然后成果由大家共同分享。若再配合克罗马农人在幽暗的洞穴中留下的诸多令人惊艳的壁画，甚至还可推测他们不仅群居，而且还有了分工的概念。

描绘生动的壁画，主题多半是他们经常狩猎和杀死的动物，学者推断克罗马农人画这些壁画，应该不是为了欣赏，而是有其他比较严肃的目的，譬如为了取悦这些动物的精灵，便于日后能更容易捕捉到这些动物。

🔶 中国旧石器时代的古人类

现在让我们把目光调回到东方，看看中国旧石器时代有哪些遗址。这一时期中国产生了很多旧石器时代的遗存，主要以北京人、河套人和山顶洞人为代表。北京人属于旧石器时代早期的人类，河套人和山顶洞人则属于旧石器时代中晚期。

◇ 北京人已会用火

北京人生活在 70 万至 20 万年前，他们的遗骸是在北京西南周口店出土的。1918 年，就已经有人在周口店采集化石，大规模的发掘工作则是在1927—1939 年，总计发现头、牙齿、大腿骨等 30 件左右，是世界学术界公认的中国最早的人骨。

北京人颇为矮小，男性平均身高 156 厘米，女性平均身高 144 厘米。他们的四肢已经与现代人无异，但头骨几乎要比现代人厚一倍，脑容量很小，

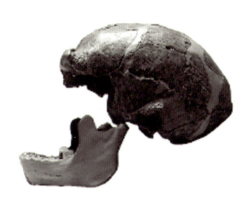

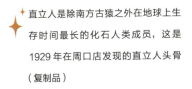

✦ 直立人是除南方古猿之外在地球上生存时间最长的化石人类成员，这是1929 年在周口店发现的直立人头骨（复制品）

平均比现代人少300立方厘米；脸部的颧骨很宽大，嘴部突出，下颚有巨齿，颈部肌肉很发达。

北京人以狩猎为生，他们已经会制造尖状的、用来刮削的石器。从挖掘出来的丰富的兽骨来看，他们很可能已经会使用投掷性的武器，否则战果无法如此丰硕。北京人还有一个重要的特点，那就是他们已经会用火了。

◇ 河套人

考古学上的河套文化，是指分布于山西、陕西、内蒙古中部、宁夏、甘肃等省份交界处的河套地区，也就是内蒙古的鄂尔多斯市一带。最初只出土了石器和骨器，而制造这些器具的河套人的遗骸，则是在相隔许久以后才被发现。

从北京人到河套人的时代，其间应该出现过长期而大量的雨水。有些地区甚至应该发生过洪水，以致于山上的石块被冲下来，紧接着在随着雨水、洪水流动的过程中被磨成砾石，然后淤积在红土平地之上，造成砾石层；之后从西北吹来的黄色细沙落在砾石层上，又造成了华北的黄土层。从砾石层和黄土层出土的石器可以看出这时期的技术有明显的不同：从黄土层中出土的石器，制作方法比较进步；从带砂的黄土层中出土的石器，那就更为进步了，有三角形和多边形的刮器和雕器，还有若干骨器。这类石器在考古学上被称为细石器，工艺水平已经很接近新石器时代了。

◇ 山顶洞人

山顶洞也在北京附近，属于周口店范围之内的一块高地，高出地面大约60米，中国地质调查所于1930年发现了山顶洞，3年后正式开始挖掘，后来得到数百件人类遗骨，数十件人类化石头骨、体骨，以及许多动物譬如猎豹、鸵鸟等骨骼化石。

对这些遗骸遗骨的研究表明山顶洞文化较河套文化晚，山顶洞人大约生

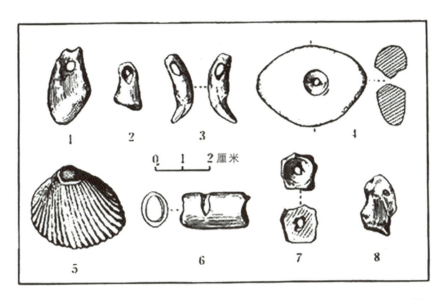

✦ 山顶洞人的装饰品。从中可以看出，此时的山顶洞人已经有了审美的观念，发现自然和利用自然的
✦ 能力也有所提升

活在 25000 年以前，他们的文化自然比北京人和河套人都要进步。

山顶洞人也是过着渔猎生活。从发现的骨针推测，他们很可能已经会将鹿皮缝制成衣服；从很多装饰性的兽牙（其中还有若干被染成红色）可得知，他们已经有装饰的概念和兴趣。考古学家还发现了穿孔的小砾石、小石珠和骨坠等类似现代概念的饰品，这种钻孔的技术是之前北京人所没有的。

除了在石器制造工艺上的进步，考古学家还从中发现了更微妙的信息。在山顶洞人的众多遗物中，有一种由鹿角制成的短棒，看起来很像欧洲考古学家所称的"指挥棒"，那是家族或种族的某种信物。如果山顶洞人的这个短棒真的是"指挥棒"，那么就意味着山顶洞人已经有了家族或社会组织。

总之，山顶洞人的文化较河套人又进了一步，他们所生活的年代已经大致可以与新石器时代相互衔接。

新石器时代：种植物、养动物

新石器时代是石器时代的最后一个阶段。

不过，在旧石器时代结束之后，曾经有过一段过渡时代（大约在公元前10000—前5000年），称为中石器时期。在这个时期，人类居住的地方已经变得比较固定，不再经常性地迁移，而且除了渔猎，也能找到别的渠道来获取食物，譬如鱼类、贝壳类和部分植物[1]。

中石器时代结束后，便是新石器时代了。

新石器时代究竟是从什么时候开始的，世界各地都不相同；这个时期到底是在什么时候结束，各地也是都不一样。

1　人类可食用的自然只能是部分植物，因为有些植物是有毒的。"神农尝百草"就是一则著名的中国上古神话，表示远古的人们不仅会把植物当作食物，还会把其中一些植物作为药物。传说仁慈的神农看到人们得病，发誓要尝遍所有的草，来了解哪些草可作药物以及有什么疗效，最终终因尝到了断肠草而死。人们为了纪念神农的恩德，奉他为药王神，并建药王庙四时祭祀。中国大陆的川、陕、鄂交界处，就是传说中神农尝百草的地方，被称为"神农架"山区。

新石器时代主要有以下几个特色：

1. 器具制作较精细

新石器时代之所以异于旧石器时代，第一个最明显的标志就是石器制作的方法不同。这时期的人类已经能够想到、同时也有足够的耐心用慢慢磨的方式，取代之前只是用碰击、击打的方式来制作石器。如此制作出来的石器，自然就会比较精细，花样也很多。

想想看，我们现代光是厨房用具就有多少，假设只有一个锅，要靠它炒菜、下水饺、煮意大利面、煎鱼、蒸馒头、烤鸡、做蛋糕、做布丁……不是不可以，肯定没那么方便，对吧？当然是同时拥有好几个针对不同烹饪目的的锅要方便得多啊。远古时代的人类也是一样，当他们制作石器的技术渐渐有所进步之后，自然就会基于想要让生活更方便的需要，而制造出更多的器具。这种需要是人类的一种本能，也是人类优于其他动物的特色之一。

考古学家在欧洲很多地方，包括英国、比利时、丹麦、荷兰、德国北部等地都发现了磨光石器，还有用骨角和木头制作的器具。有柄的斧也成了非常重要的工具，可以用来砍伐树木。

2. 刀耕火种

在这个时期最重要的事，可说是农业的发展。人类开始采取刀耕火种的方式来进行种植，具体过程是这样的：

（1）选定一块林木茂盛的地区，把每一棵树木的树皮一一割破，让树木枯死，使阳光不受阻挡，得以直接照射在大地之上。

（2）开始在这块地区种植谷物。

（3）经过一两年后，放一把火把早已枯死的树木烧掉，灰烬会增加土壤的肥力。

（4）再过几年，因为杂草和一些不是人们主动种植的植物丛生，这块地会失去耕种的价值，到这个时候，大家就会放弃这块土地而转移到别处，重新开始刀耕火种。

（5）被放弃的土地渐渐又长出树木……

3. 饲养动物

人类最早饲养的动物，包括狗、牛、羊、猪等。许多上古神话都用童话的方式来解释为什么这些动物会开始和人类生活在一起，或是从童话的角度来描绘这些动物和人类[1]之间的互动。

将饲养动物这个特点与前面所介绍的农业发展结合起来，所彰显出来的重大意义，就是人类已经比较能够控制环境了，也就是说，人类已经慢慢从过去食物的采集者转变为食物的生产者。这可真是一个了不起的进步，别忘了在过去数十万年乃至上百万年当中，人类赖以生存的生活资源可是全靠大自然的供给，因此只要一次气候的巨大变化或是某一个物种的短缺（譬如象、驯鹿等随着最后一次冰河的向北退走而迁移或是被消灭），人类的生存都会立即受到严重的威胁，可是自从懂得农牧之后，人类的生活就比较有保障了，各种专门的工具更是陆续出现。

4. 定居

由于农牧的发展，人类居住的地方自然而然比过去要固定许多，就如同我们现在有一个名词：定居。

定居生活自然而然会带来比较进步的社会分工，随之而来的是社会组织

1　有一则中国上古神话《粮食树》，就是在讲为什么狗会是人类最好的朋友。原来在很久很久以前，人类到了冬天就会因粮食短缺而挨饿，狗看到后心里很不忍，在听说远方有一种神奇的粮食树之后，狗就约了猪一起去寻找。经过千辛万苦，总算找到了粮食树，狗赶紧就地一打滚，用身上的毛沾上很多粮食树的种子，猪因为没有毛，能带的种子本来就不多，更惨的是在回程过河时，猪身上的种子被河水冲刷得一粒不剩，狗却靠着把尾巴高高竖起，为人类带回了珍贵的种子。

得以发展起来。在新石器时代，已经产生了部落的组织，但所谓拥有明确的领土、法律及统一的权力等这种类似"国家"的概念，还是要等到有信史时代之初才会开始形成。

说起来，在形成部落之前，人类社会的原始组织就是家庭。想要拥有相对固定的婚姻制度，似乎是人类与生俱来的想法，从比较固定的婚姻制度，很自然就会发展出家族的概念，再由家族形成氏族，然后几个氏族合起来就成了部落。

5. 图腾制度

还记得我们前面介绍过的克罗马农人在洞穴里所画的壁画吧？学者推测，那不是基于美学而出现，而应该有其他严肃的目的，或许是想以此来安抚、取悦那些被他们猎杀的动物的亡灵，希望它们不要生气，好让大家以后还能较轻易地捕捉到这些动物。如此寄托于玄幻的做法，在新石器时代得以继续施行，而且基于农业上的需要，"祈雨"成为新石器时代一种重要的宗教仪式。根据学者的考据，这类仪式相当繁琐，这么一来，负责主持这类仪式的巫师或祭司，也应该属于社会上的特殊阶级。

此外，在新石器时代还没有法律的观念，人类往往是靠着一些禁忌来相互约束，图腾制度也就这么应运而生了。

比如，某一个氏族相信他们的祖先是来自于某一种动物，或至少与这种动物曾经有过密切且神秘的联系（远古人类不仅相信万物有灵，还相信万物的灵彼此之间能够互相转换），所以选择以这种动物作为氏族的象征，这就是图腾。而既然这种动物代表他们的祖先，平日必然也不会伤害它们，甚至还会尊敬有加。

不同民族当然也会有不同的图腾，譬如，龙一直被视为中国人的图腾，而俄罗斯则以熊作为图腾。

✦ 远古陶器

在中国，新石器时代早期虽然已经发明了制陶的技术，可是人们大多还是使用石器，直到新石器时代晚期才普遍使用陶器。最具代表性的就是彩陶与黑陶文化，同样都是在新石器时代晚期产生于黄河流域，两者却不属于同一个文化系统，产生的地区也不一样。

彩陶文化大约存在于公元前 5000—前 3000 年，陶器大致为淡棕色，上面绘有红、黑及白色的纹饰；由于这种彩绘技术是此文化的一大特征，所以就被称为彩陶文化；又因为最早是在 1921 年，由瑞典人安特生在河南渑池县仰韶村挖掘出了大批的彩陶及石骨等器具，所以根据仰韶这个地名，称为"仰韶文化"。后来考古学家又陆续在辽宁、甘肃、山西、陕西、新疆等地发现了极其类似的远古彩陶，足见彩陶文化的分布非常广，至于这些地区的彩陶文化是否同出一源，还有待更多的证据才能下定论。

黑陶文化则大约存在于公元前 2500—前 2000 年，应该是在殷商之前。因为最初是在山东省历城县龙山镇城子崖发现的，所以又叫作"龙山文化"。黑陶的特色是黑、光、薄、多耳等，但也有酱色，以山东半岛为中心，沿着海岸线分布，北达辽东半岛，南至杭州。

✦ 龙山文化黑陶鬹是当时财富和权力的象征。现藏于大英博物馆

✦ 仰韶文化是一种重要的黄河中游地区的彩陶文化。考古认为"华夏"一词"华"的概念应该出自仰韶文化

农业发展的天时与地利

在这一节结束之前，我们还是要来说一下关于新石器时代的起始问题。

我们把一些重要的时间点，稍微理一下。

新石器时代的部落，大约在公元前 7500 年出现在约旦河西岸，充分发展于公元前 5000 年的埃及和美索不达米亚；在公元前 3000 年左右出现在欧洲；中国的仰韶文化（彩陶文化）与龙山文化（黑陶文化），则大约存在于公元前 5000—前 2000 年之间。

此外，关于农业的发展，学者们根据在伊拉克、巴勒斯坦的遗址发掘结果，普遍认为从整个世界的角度来看，农业很有可能是在公元前 7000 年左右首先从中东开始发展的。这应该是因为地中海东岸的西部有很多丘陵与山峰，这些山丘地带有足够的雨水促进树木的生长，然后远古人类又找到了结籽的禾本科植物，譬如小麦和大麦。在这些有利因素的影响之下，开始发展农业似乎是一件水到渠成的事。

接下来，农业生产的方法便由中东往西传到欧洲，向东传播的速度则比较慢。北非因为在地理位置上接近欧洲和西亚，所以在公元前 5000 年左右，新石器文化便已在埃及充分发展（埃及位于非洲东北部）。

不过，我们不能忽略的一点是，中国的仰韶文化已经是非常成熟的新石器文化，更何况中国最早期农作物中的粟（就是小米或稷）是远古的中东所没有的，因此中国最早期的农业有可能是独自发展出来的，直到公元前 2400 年（远在夏朝之前，还属于上古传说时代，也是龙山文化时期），小麦和大麦开始出现在中国，一般推测可能是从西亚传入的。

无论如何，有了文字以后，整个石器时代也就宣告结束。

第二章

尼罗河孕育的埃及文明

尼罗河泛滥虽是天灾，

但每年的规律变化也为埃及提供了奇妙的安全感：

退水季一到，埃及人马上播种、耕耘，等待收获，

在涨水季则趁着农闲，群策群力，建造金字塔；

埃及人给周而复始的大河生态，

赋予了正面的作用与意义……

大河泛滥：展示自然规律

水是生命之源，人类的文明也是从有水的地方开始的，也就是文明肇始于大河流域。所谓的大河流域，是指流域面积很广的河流。

世界四大文明发源地都属于大河流域，分别是中国的黄河流域、埃及的尼罗河流域、西亚的两河流域以及印度的印度河流域。

在这四大古文明当中，哪一个是最古老的文明呢？到目前为止，这个问题并没有定论，不过，大多数历史学家还是普遍倾向于认为是埃及文明。古埃及文明始于公元前 3200 年。

古希腊史学家希罗多德[1]（约公元前 485—前 425 年）与孔子（公元前

---

1 希罗多德把自己旅行中的所见所闻，以及第一波斯帝国的历史记录下来，完成《历史》一书，这是西方文学史上第一部完整流传下来的散文作品。从古罗马时代一开始，他就被尊称为"历史之父"，至今 2000 多年都没有改变。而且他也是西方文学的奠基人。希罗多德的写作，采取了类似《一千零一夜》"在大故事中套小故事"般的结构，环环相扣，引人入胜，再加上他非常善于刻画人物，在他笔下的人物，不管是统治者、王公贵族、学者、商人、士兵，或者是普通小老百姓，一个个都栩栩如生，跃然纸上。

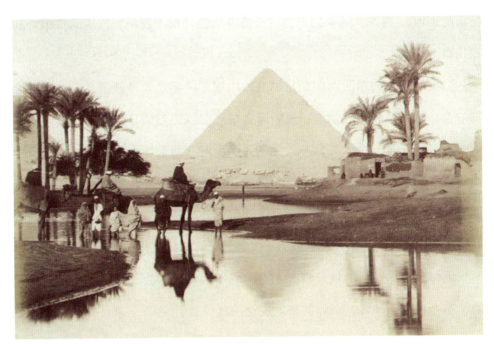

✦ 古埃及文明是世界上最早的文明之一，尼罗河是孕育古埃及文明的摇篮

551—前 479 年）所生活的年代相近，他有一句名言，说"埃及是尼罗河的赠礼"，这样的描述可谓非常生动和贴切。

埃及位于非洲东北部，境内有大片沙漠和流贯其中的尼罗河。尼罗河的长度将近 7000 千米，是世界上最长的河流，从非洲中部向北曲折奔流。于是，原本的沙漠经过尼罗河的冲积，尤其是每年尼罗河的定期泛滥，逐渐形成一个可供农业发展与人民聚居的三角洲。

从新石器时代开始，就有人类在这个三角洲活动。考古学家相信，至今还有些遗迹深埋在尼罗河河谷之下。尼罗河流域的面积是 340 万平方千米，在遥远的古代，这片土地就已经可以同时供养数百万人口。

中国人有句老话叫作"一体两面"，意思是说世间万事万物几乎都是有相对性的，有好就有坏，有苦就有乐，尼罗河之于埃及确实就是这样的。虽然尼罗河每年都会定期泛滥，泛滥时会淹没很多农田，但同时也会为两岸留下肥沃的土地。据说，肥沃到只要种子落在上面，用不着施肥就能长成很好的农作物。

尼罗河河谷的东西两侧都是峭立的山崖，山崖之外是沙漠，东边是阿拉伯沙漠，西边是利比亚沙漠，尼罗河上游是难以穿越的高台地，而进入地中海的河口地方是一个大三角洲，除了河流下游三角洲这个部分之外，埃及全境几乎终年无雨。就地理位置来说，埃及不仅相当安全，同时也是一个相当适宜发展文明的地方：一方面既可免于遭受外来的侵略，另一方面也不易受到来自外界的影响，所以能够致力于发展属于自己的文化。

更何况，尽管作为埃及唯一水源的尼罗河每年都会泛滥，但都是定期泛滥，不会是毫无预警、突如其来地说泛滥就泛滥。这么一来，就会大大降低人们心中的恐惧，反而还会让人有一种安定的感觉，因为大自然固然令人心生敬畏，但还是可以预测和预期的。

埃及人依照尼罗河定期泛滥的规律，将一年分为涨水季、退水季和收获季三个时期，每个时期（相当于每季）4 个月，埃及历法将一年分成 12 个月，每月 30 天，到了年终还有额外的 5 天。这就直接决定了埃及人对生活的安排：每年当涨水季来临时，尼罗河会为河谷底部带来肥沃的冲积土，待退水季一到，埃及人马上把握机会耕耘和播种，然后就可以满怀喜悦地等待收获。可以说，河水泛滥本是天灾，但由于尼罗河是定期泛滥，埃及人也就顺势将之赋予正面的作用与意义。

在远古时期，这里最初可能只是小小的部落。根据学者考据，埃及在新石器时代晚期就已经发展出相当成熟的政治组织了。

埃及的科学、艺术之所以能够萌芽得那么早，还有埃及人对于生死问题的看法，都跟尼罗河有着千丝万缕的关系。比如，为了测量土地面积，埃及人的数学和几何学都相当专业；在涨水季节，由于大量的农村劳动力闲置，正好

✦ 太阳历是古埃及天文学的突出成就之一，古埃及人用象形文字将历法刻在泥砖上

就可以把大家集中起来，建造一些大型公共工程（譬如金字塔）。尼罗河带来的黑色泥土，又是制造泥砖和陶器的良好材料等。

无怪乎埃及人会将尼罗河称为他们的母亲河，因为确实是尼罗河孕育和催生了埃及文明。直到现代，埃及仍有 95% 以上的人口集中在尼罗河附近。

上埃及与下埃及的红白大战

其实近现代人对埃及文明了解得很晚，因而在很长的一段时间里，埃及文明给近现代人的印象就始终带着一种神秘的色彩。

✦ 拿破仑远征埃及，让古老的埃及文明得以被世人知晓。然而，埃及之役不仅将他的野心推
✦ 向帝王之路，却也是他由胜转败的噩梦开端

1798 年，拿破仑（1769—1821 年）远征埃及，带了不少学者同往，其中考古学家在埃及收集到了不少宝贵的资料，然而当时这些数据中的古埃及象形文字还无人可以破解，于是考古学家就先将它们带回法国珍藏（这种做法在现代看来自然十分具有争议性）。总之，1822 年左右，才有一位名叫商博良的法国学者成功解读了这些古老的象形文字，终于揭开了埃及的神秘面纱。

今天，通过这些古老的资料，我们已经可以知道埃及人大约在公元前4000 年，从广大的撒哈拉沙漠地区迁移到尼罗河流域。最初当然是过着相当原始的生活。他们使用粗糙笨重的工具，建造堤坝，种植谷物，并且慢慢摸清了尼罗河的脾气，逐渐将尼罗河两岸开拓成不仅可以赖以为生，甚至还

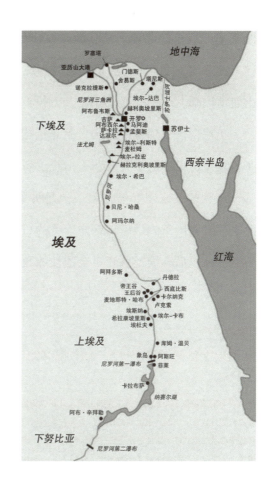

✦ 上埃及和下埃及的示意图。上下埃及的红白大战让埃及完成了统一

算相当富饶的地方。

接下来，埃及便从原始社会慢慢进入文明社会，形成 40 多个独立的小国家。为了争夺土地和奴隶，这些国家竞争激烈，征战不休。经过 1000 年左右的演变，在尼罗河的上游和下游，分别形成了两个比较大的王国，分别是上埃及（埃及南部）和下埃及（埃及北部）。不难想见，这两个王国都想统一尼罗河流域，所以最后终须一战。

公元前 3100 年，上埃及和下埃及爆发了战争。战斗持续了很长时间，最终由上埃及王国的军队取得胜利，下埃及王国的国王只得摘下自己红色的王冠，对上埃及王国的美尼斯国王俯首称臣。

美尼斯国王原本也有一顶王冠，是白色的。于是，在庆祝胜利的大会上，他就把一白一红两顶王冠一起戴在自己的头上，表示统一了上下埃及，并自称"上下埃及之王"。为了纪念这场统一战争，美尼斯国王在这个曾经的战场上建造国都[1]，命名为孟菲斯[2]，并称为"白城"。

美尼斯国王建立的王国，就是历史上赫赫有名的"古埃及王国"，它开启了古埃及历史中的王朝时期（指统治者都出自同一家族）。美尼斯国王自然是第一王朝的建立者和统治者，他是神鹰的化身，人们在石壁上刻着神鹰，以此来表达对国王的崇敬，这些珍贵的石壁艺术一直保留到了今天。

从此以后，埃及就有了全国性的政府。

---

1 航向顺畅是选择首都的先决条件，确保河道交通便利，才能保持频繁的对外往来及联系，也便于维持统治阶层的稳定。

2 孟菲斯遗址位于今天尼罗河三角洲南部，开罗以南的拉伊纳村，只要从开罗沿着公路南行三十几公里就到了，在古代刚好就是上下埃及王国的交界处。今天在孟菲斯遗址附近，仍保存许多著名的金字塔和狮身人面像，包括著名的阶梯状的金字塔（这是古埃及第一座金字塔），还有巨大的拉美西斯二世（古埃及第十九王朝法老）的花岗岩雕像等令人赞叹不已的古迹。关于金字塔，我们在下一节中会再做进一步的说明。

金字塔：法老的天梯

在开始这一节的叙述之前，我们得先了解有关古埃及历史的分期问题。

目前全球学术界对于古埃及历史的分期，多半是根据公元前 3 世纪埃及一位名叫马奈图祭司的记录。马奈图在《埃及史》一书中（大约在公元前 280 年成书），将古埃及分为 30 个王朝。

此外，也有学者将古埃及分为以下几个时期：

● 早王朝时期（约公元前 3100—前 2686 年）。

● 古王国时期（约公元前 2686— 前 2181 年）。

● 中王国时期（约公元前 2133—前 1603 年），相当于中国历史上第一个世袭制的朝代，也就是夏朝。

● 新王国时期（约公元前 1567—前 1085 年），相当于中国的商朝。

● 晚期（约公元前 1085—前 332 年），相当于中国商朝末、西周、春秋时期。

不过，以上的分类也只是一个相对普遍的说法，关于古埃及历史的分期，以及各个分期究竟是从什么时候开始，又是在什么时候结束，其实还有其他不同的说法。我们至少要知道，自从我们在上一小节所介绍的美尼斯国王在约公元前3100年统一了上下埃及王国之后，古埃及至少经历了30个王朝（也有31个王朝的说法），然后经过一些起起伏伏的动荡，终于在公元前30年灭亡（相当于中国的西汉末年）。

埃及灭亡之前的最后一个王朝，叫作托勒密王朝，这个王朝的最后一位君主，就是克里奥帕特拉女王（公元前69—前30年），俗称"埃及艳后"，影视作品很喜欢拿她来大做文章，她死的时候39岁（古埃及人的平均寿命不过30岁）。

🔶 法老是天神的人间代表

现在我们可以回头来介绍法老和金字塔了。

大家一定都知道法老就是埃及的君主，不过，你或许不知道"法老"这个词的本义其实是"大房子"或是"王宫"。直到新王国时期才成为埃及君主

✦ 鹰是古代埃及人崇拜的对象，是古埃及法老的守护神，是草原民族心中的神鸟，更是欧亚大陆上古代皇室和王族所青睐的神秘力量的象征

的特有称谓，为什么要用一个形容场所的名词来称呼一个人呢？当然是因为这个人可不是普通人啊，他是埃及的统治者，太尊贵了，尊贵到实在不便直接称呼他的名字，因此就用他居住和办公的场所来代称。

其实这跟中国历史上向来避讳皇帝的名字在本质上是一样的。譬如宋朝第二任皇帝宋太宗赵光义（939—997 年），本名赵匡义，后来"因避其兄宋太祖名讳改名赵光义"。"讳"就是"避讳""回避"之意，在封建时代为了维护等级制度的尊严，一般人在说话或写文章时，如果遇到君主或尊亲的名字都不直接说出来或写出来，这就叫作"讳"。在这样的思想之下，建立宋朝的宋太祖赵匡胤（927—976 年）虽然是宋太宗的亲哥哥，但亲哥哥既然当上了皇帝，做弟弟的当然就得改名了。

而埃及人对于君王的尊崇更"过分"。其一，不能提君王的名字，特意以君王的住所或办公处"法老"来称呼；其二，就连大臣在觐见法老时也必须趴在地上，亲吻法老脚前的土地；除此之外，法老还必须严格执行"内婚制"，也就是说必须与自己的姊妹结婚。这是因为在埃及人的信念里，法老不仅是埃及的统治者，还具有神的地位，是天神（光明与善良之神）荷鲁斯[1]的化身，可以说是"活生生的荷鲁斯"，所以必须保持法老神圣血统的纯洁性。如此一来，也就限制了觊觎王位的人数，有助于减少政治动乱。总之，埃及人对法老的尊崇，实际上与维持政治的统一有着非常密切的关系。

古埃及不仅是神权政治[2]，而且政教合一。因此，法老拥有双重身份：除了是君王，同时也是大祭司。

1　埃及神话的特点之一，就是大部分的神明形象都是"人的身体再结合某一种动物的头部"，而由于荷鲁斯的形象是"鹰头人身"，因此鹰在埃及也是最高权威的象征。

2　宗教在古埃及人的生活中占有非常重要的分量，随着文明的演进，埃及人的宗教逐渐有了理想、道德乃至于哲学的意味。古埃及人的信仰属于多神教，多半都是用动物来作为神明的象征。

当然，握有绝对权威、绝对权力的法老（主要是凭借着强大的军事武力）在管理国家的同时，也有义务保证社会秩序，因此总会敦促地方官员为老百姓仲裁各种纠纷。

在这里，还有一个相当特别的地方值得向大家介绍，那就是古埃及社会尽管阶级分明，从王族以下分别还有世袭贵族、官吏、中产阶级（包括商人、手工艺者、自由农民等）、农奴以及奴隶（经由战争得到的俘虏形成的最卑贱的一个阶级），但整体而言，古埃及社会组织的基础还是家庭。根据古老的文献显示，埃及人似乎很喜欢家庭生活，也很喜欢孩子，而古埃及妇女地位之高，在古埃及和两河流域地区的古国之中更是绝无仅有。

比如，埃及几乎是唯一容许妇女继承王位的国家（所以才会有女王）；在法律上他们实行一夫一妻制，即使贵为法老，也只能有一位合法的配偶；在家庭里，男人虽然是一家之主，但女人也有相当高的地位，有权继承财产，有权拥有自己的财产，也可以从事商业等，比其他古代社会的妇女地位实在是高得太多。

回到法老这个话题。由于法老的地位实在是太过尊崇，当法老"去世"以后，埋葬的方式自然也就必定不同于其他人，譬如要修建巨大的坟墓，这就是金字塔。

◈ 狮身人面挡不住盗墓者

在前面"当法老'去世'以后"这个句子中，为什么"去世"这个词要特别加上引号呢？这是因为古埃及人对于死亡的看法相当特别。

即使一个人还活着的时候，埃及人也认为身体是灵魂的容器。他们把灵魂称作"卡"，而且认为，每天晚上灵魂都会离开自己的身体，直到清晨再回来。当一个人一旦死亡，他们也相信灵魂会复活，所以必须保留身体这个容器，这么一来，灵魂在复活之后才能回到自己的居所。基于这样的实际需要，埃及人才发明了尸体防腐术，然后制造了木乃伊。

而法老的死亡只不过是暂时"搬"到另外一个极乐世界去居住而已，他随时可以再回到人间，因为法老本来就是永生的，因此不但要好好保存他的身体，还要为他修建宏伟壮观的坟墓。

还有一种说法是，在古埃及第三王朝以前，埃及人（不管是社会上哪一个阶级）死后都是埋葬在用泥砖砌成的长方形坟墓里，后来由于埃及人认为法老死后会成为神，神的灵魂将会升天，为了便于法老的灵魂升天，这才开始将法老改葬于金字塔。

这种说法的根据是考古学家在金字塔发现了一段镌刻的铭文，上面写着："为他建造起上天的天梯，以便他由此登天"。所谓的"他"，自然是指法老。同时，有学者认为金字塔呈角锥体的造型，就是象征着刺破蓝天的太阳光芒。

金字塔的兴建，以古王国第四王朝最为著名（大约在公元前 2680—前 2565 年，也有更早的说法），因此学者都将这个时期称为"大金字塔时代"。

在这个时期规模最大的是法老胡夫的金字塔，这是世界七大奇迹[1]之一，也是七大奇迹中目前唯一现存的建筑。这座金字塔占地 52900 平方米，用掉了至少 200 多万块石灰石，每块石灰石重达 2.5 吨；底部呈正方形，每一边的长度原有 230 米，由于塔外层石灰石脱落，现在底边减短为 227 米；它原本高达 147 米，但是经过数千年来的风吹雨打，顶端已经被剥蚀掉将近

---

1 在西方人公认的七个古老的人造景观中，埃及胡夫金字塔是历史最为久远的一个。至于最早是由谁提出"世界七大奇迹"这个说法则并无定论，有的说是公元前 3 世纪一位名叫安提帕特的旅行家，有的说是公元前 2 世纪一位名叫斐罗的科学家提出，总之都由来已久。

10 米。尽管如此，1889 年，法国巴黎埃菲尔铁塔建造完成之前，这座胡夫金字塔一直都是世界上最高的建筑。

如此巨大的金字塔，自然需要很多的人力、花费许久的时间才能完工。根据希腊史学家希罗多德的估计，为了建造胡夫金字塔，埃及应该至少投入了十几万人力，花了 20 年的光阴才宣告完成。

在胡夫金字塔附近，还有一座属于胡夫之子海夫拉的金字塔，这座金字塔旁边有一座非常有名的 20 米高、57 米长的狮身人面像。之所以雕刻成狮子的身体，是因为在埃及神话中，狮子是各个神秘之处（包括地下世界）的守护者，所以这座狮身人面像其实是专门为法老守门的。

金字塔是古埃及文明的象征。在今天开罗附近的城市吉萨，我们可以看到尼罗河西岸地区三座巨大的金字塔，除了胡夫金字塔，另外两座是海夫拉及门卡乌拉的金字塔。以规模而言，海夫拉金字塔仅次于胡夫金字塔。

为什么古埃及人后来渐渐就不再建造金字塔了呢？有些学者认为，盗墓贼的猖獗应该是促使后来的法老放弃兴建金字塔[1]的主要原因。

1　不再修建金字塔之后，埃及法老就将荒山当作天然的金字塔，也就是沿着山坡的侧面开凿地道，修建豪华的地下陵寝。在西底比斯一个不太显眼的山谷里，不只一位法老和权贵在这里修建了一座座陵墓，因此被称为"帝王谷"，当然，这些陵墓也还是无法逃过盗墓者的打扰。其中只有一座陵墓，竟奇迹般在沉睡了 3300 多年以后，才被英国的考古学家发现，这就是著名的图坦卡蒙法老陵墓。

埃及人的脑袋在想什么?

古埃及拥有相当高度的文化成就，我们可以从几个方面来介绍：

◈ 罗塞塔石碑保留埃及文字

首先，我们来了解一下古埃及的文字。

虽然古埃及人所说的语言究竟如何发音已经不可考，后世只知道他们说的是一种混合的语言，但早在公元前3200年左右，他们就已经发展出可以写的语言，被后世称为象形文字。

埃及象形文字不是一朝一夕形成的，而是经由相当复杂的演变过程，按顺序大致是这样的：

1. 用一些有如绘画般的符号，来表示生活中一些具体的东西。

2. 在约定俗成的情况下，有些符号渐渐开始被用来表示某些抽象的概念，这就是"字"。

3. 继续发展下去，古埃及人慢慢就有了能代表音节的符号，这些符号遂与之前的"字"相互混合。

4. 到了古王国时代初期，埃及人已经发展出 24 个单音符号（字母）。

5. 表音符与限定符结合成文字，但元音则从来不曾写出来，到了这个时候，象形文字才终于形成。

古埃及的象形文字非常适合刻在石碑[1]或石壁上（看上去就像图画），而在埃及人的生活当中还有另外两种字体：一种是比较官方的属于简化后的象形文体（相当于行书），一种是民间所使用的更简单的通俗字体（相当于草书）。

直到 1500 多年以后，腓尼基人以象形文字为基础发展出更简易的字母文字，然后慢慢传播至西方各地，成为后世许多重要的字母文字，譬如希伯来文、拉丁文、希腊文、阿拉伯文、印度文，以及从以上这些文字再进一步衍生出来的近代字母文字的共同渊源。

无论如何，我们要记得字母的原理是古埃及人发明的，也可以说埃及人是世界字母文字最早的发明者，这是埃及文明对整个世界文明极大的贡献。

有了文字以后，除了一些官方公告之类，自然也就慢慢有了文学。古埃及的文学主题大多是与赞美尼罗河、歌颂团队合作、表达宗教思想有关，也有一些比较通俗和娱乐的作品。

埃及人的书写用具也很值得一提，属于就地取材；他们利用一种生长于尼罗河沼泽地区被叫作"纸草"的植物，把它的茎部纤维先充分浸水，再加

---

[1] 18 世纪末，拿破仑远征埃及时，法军在尼罗河口的罗塞塔发现了一块石碑，被后人称为"罗塞塔石碑"（Rosetta Stone），上面的碑文是由希腊文、埃及通俗字体和象形文字三种文字所刻成。后来多亏一位法国人商博良（1790—1832 年）成功解读了这块石碑上的文字，后人对于古埃及文字的研究工作才取得了突破性的进展。罗塞塔石碑现存大英博物馆。

◆ 一个年轻女孩的木乃伊，上面覆盖着
◆ 一层黑色的粘稠物

以捶压，晾干之后就可以拿来书写。在古埃及时代，这种书写用具是埃及主要的输出商品之一，定期输出至地中海各地。不过，请注意，这当然还不是真正意义的纸；真正意义的纸，从象形文字发展成熟算起（公元前 3200 年左右），还得再等上 3000 多年，直到 105 年，中国的蔡伦[1]才终于在前人的基础上改进了造纸术。

总之，在中世纪前半部分，阿拉伯人把中国的造纸术传到西方之前，埃及这种用纸草加工而成的书写用具一直通行于西方。

◈ 运用医学概念制作木乃伊

木乃伊是许多影视作品很喜欢拿来发挥的主题。只要一提到埃及古老的

1　蔡伦是东汉时期一个很爱动脑筋的宦官（生年不详，卒于 121 年），他总结前人的一些相关经验进行改善，并加以创新，用树皮作为原料造纸，开创了近代木浆造纸的先河。由于他曾经被封为"龙亭侯"，所以当时老百姓都把蔡伦改进的纸称作"蔡侯纸"。

◆ 无论在壁画、墓碑、神像上，还是古埃及人的日常生活中，纸莎（suō）草（当地人叫它"帕努司"）几乎无处不在。后来随着对野生莎草的采集以及气候和地理条件的变化，莎草纸产量锐减。加上它的原料单一、制作复杂、成本较高，导致莎草纸慢慢地淡出了人们的视线。1956 年，时任埃及驻中国大使的哈桑·罗盖伯参观蔡伦故乡时，看到纸的制造过程受到了启发，潜心研究，终于重新研究出莎草纸的制作工艺。因此人们现在去埃及旅游，又可以买到新的莎草纸回来做纪念啦！

文化，最先浮现在大家脑海的似乎就是金字塔和木乃伊[1]。

尼罗河孕育的埃及文明

埃及人为什么要做木乃伊？主要是因为他们相信来生，或者说他们相信灵魂是不会死的，不仅不会死，还会回到逝者原来的身体，所以自然要把尸体妥善保存。

不过，木乃伊也是有分等级的，据说按费用多寡分为 3 个等级。要制作最高等级的木乃伊至少需要 70 天的时间，过程大致如下：

1. 先将死者的大脑及内脏取出来，分别装在 4 个容器中。

2. 将尸体清洗、脱水以防腐臭，并且用天然碳酸钠将尸体做干燥处理。

3. 将死者下腹部左侧的开口缝合，用一个平板盖着下腹部的开口。

4. 在死者的眼窝内放入假眼球或是其他物品。

5. 将油膏、香料、树脂等填入尸体内。

6. 用亚麻布紧紧地裹住死者。

7. 为死者穿上衣服，放进为死者量身定做的棺木之中，最后还要在死者脸部戴上一个假面具，至此才算是大功告成。

在古埃及，无论是谁，都希望自己死后能被做成讲究的木乃伊吧，但有些人可能付不起费用，那么，这些穷人该怎么办呢？他们通常只能将尸体用亚麻布裹住，旁边再放一根手杖或是一双凉鞋，表示让死者走向永生世界。

不管能不能被做成考究的木乃伊，不管生前社会地位如何，反正埃及人相信每一个人死后都能在另外一个世界过上美好的生活。关于这一点，埃及人相信大家的待遇是完全一样的，因此，这种永生的信念对于维持社会各个阶层的稳定，自然也有一定的帮助。

1　由于古埃及人在这方面留下的资料太少，世人对木乃伊制作方式的了解大多是依赖希罗多德的描述。希罗多德曾在公元前 450 年左右游历过埃及，了解木乃伊是如何制作，然后记录下来。现代学者认为希罗多德的描述大致是正确的。

✦ 卡诺匹斯罐是古埃及人制作木乃伊时用来保存内脏以供来世使用的容器

从木乃伊的制作其实就已经不难想见古埃及的医学必定相当进步，确实如此。古埃及人已经明白心脏与脉搏的作用，医学已经分科，至少有外科、牙科、眼科、肠胃科等。根据公元前 1700 年的文献显示，埃及人在诊断和处方上相当进步，为了便于医生开处方，特地编制了后世所知道的世界最早的药物目录，后来有些处方传入两河流域和欧洲，甚至时隔数千年直到现在，还在希腊一些穷乡僻壤继续被使用。

◈ 当天狼星与太阳同时在东方升起

除了医学，古埃及人的其他科学也都相当进步。

基本上，他们的科学是基于实用目的而发展的，譬如为了保全尸体，所以发明了尸体防腐术；为了了解和掌握尼罗河每年定期泛滥的情况，便于农耕（毕竟古埃及经济以农业为基础），他们经过长期的观察，在天文学上有了突出的成就，发现只要当天狼星（天空中最明亮的星）与太阳同时在东方升起，尼罗河就会开始泛滥，因此逐渐发展出相当进步的太阳历法，确定每年有 365¼ 天；为了宗教祭祀和礼仪的需要，他们还有一套阴历；为了建筑和其他需要，他们在算数与几何方面卓然有成，发展出十进制的计算方式（但还没有"零"的概念），"百万"是他们最大的计算单位，也已经有了分数的观念；为了因应每年尼罗河泛滥后需要重新测量土地，古埃及人对于圆柱体、半球体、三角锥体的体积以及面积的计算已经相当精确，所以像我们前面所提到的胡夫金字塔，它的底部呈四方形，塔基四边每一边的平均误差竟然不到区区一英寸（2.54 厘米）！他们还可以在建造每一座金字塔之前就算出需要多少石块……

这些石块，每一块的重量平均超过 2 吨，都是从尼罗河东岸和上游开采来的，当时还没有火药[1]，古埃及人是怎么开采这些巨石的呢？原来他们是用铜或青铜制的工具先在岩石上打出洞眼，插上木楔，然后灌水，当木楔因泡水而膨胀到一定程度的时候，岩石便会被撑裂了，接下来还要把这些巨石放在巨大的滚木上，以人力或是动物拖拉到建筑金字塔的地方……

凡此种种，再加上冶金术、合成青铜的技术、日晷和刻漏的发明，以及制作精美的金银首饰、陶器、玻璃器皿等，古埃及人在科学方面的进步着实令人惊叹。

最后，我们还要简短介绍一下古埃及人在文学之外的其他艺术成就，主要表现在雕刻与绘画方面，而这两者往往都与建筑结合在一起，如我们前面提到过位于海夫拉金字塔旁边的狮身人面像，就是一个很好的例子。

其实古埃及人的绘画发展得很早，可以追溯到新石器时代，当时就已经有很多壁画和画在纸草上的画，都相当有特色。

1　关于制造火药，中国历史上最早的记载是出现在唐朝中期，其实是炼丹术士们无意中的发明，后来逐渐演变成用硫磺、硝石和木炭的混合物来配成黑火药。到了唐朝末年，火药开始运用在军事上，13 世纪以后经中亚传入欧洲。火药、纸、印刷术和指南针，是中国古代四大发明。

跟不上铁器时代，就落伍啦！

古埃及时代历时大约 3000 年，拥有如此高度文明的古埃及后来是怎么走向衰亡的呢？

埃及艳后画下帝国句点

分析起来，不外乎内外两方面的因素：

对内方面，从当年第一王朝建立以后，原本法老应该是具有无上的权威，可事实上在埃及最后宣告灭亡之前，由于来自多方面的冲击，法老已渐渐丧失了统治权。与此同时，又陆陆续续发生了内部动乱并遭到外来势力的侵略。这些都对古埃及的历史走向产生了极大的影响。

尤其是在公元前 1500—前 1000 年间，整个世界文明已经进入了铁器时代，但是埃及本身不产铁，就算想从亚洲进口铁也极为困难，以至于埃及军队的战斗力逐渐无法与持有铁制武器的其他国家相抗衡。在公元前 11 世纪末，埃及就已不得不放弃过去庞大王国的地位，而且在东地中海地区也不能再恢复过去铜器时代所享有的地位。

公元前 10 世纪中叶以后，利比亚人与苏丹人相继控制了埃及的王朝。公元前 670 年，埃及人被亚述人征服，虽然在公元前 662 年又恢复了独立，在文化上也得到某种程度的复兴，可是 100 多年以后的公元前 525 年又被波斯人征服，波斯先后统治埃及两个时期，将近两个世纪，直到公元前 332 年，马其顿王亚历山大[1]（公元前 356—前 323 年）将埃及并吞，此举使得埃及在接下来很长一段时间都属于希腊罗马世界的一部分。

在亚历山大死后 17 年，他的部将托勒密于公元前 306/305 年称埃及王（托勒密一世），这就是我们前面所提到过的埃及最后一个王朝，它延续了 276 年，直到最后埃及艳后[2]自杀身亡，托勒密王朝乃至整个古埃及就这么灭亡了，埃及从此成为罗马帝国的一部分。

◈ 各有坚持的法老

除了埃及艳后，我们不妨来多认识几位比较特别的古埃及君主。

---

1 亚历山大是一个非常气派的名字，意思是"人类的守护者"。他是古希腊北部马其顿的国王。从小聪颖过人，到他 16 岁为止一直都由古希腊著名的哲学家亚里士多德（公元前 384—前 331 年）担任他的导师。亚历山大过世时年仅 33 岁，被后世公认为历史上最成功的统帅之一，一生从未尝过败绩，在 30 岁的时候就已经建立了西方古代历史上最大的帝国，疆域从伊奥尼亚海一直延伸到喜马拉雅山山脉，可以说是借由战争的方式将希腊的思想和法律传播到世界各地。

2 埃及艳后克里奥帕特拉女王的一生极富戏剧性，她一直致力于避免国家遭受罗马并吞，甚至因此卷入罗马共和国末期的政治旋涡。她与恺撒（公元前 102—前 44 年）和安东尼（公元前 83—前 30 年）都关系密切，所以民间一直流传着许多关于她的轶事。不过，据说真实的克里奥帕特拉女王相貌平平，并不美艳，是她的聪慧使得她魅力无穷。另外，她"以毒蛇自杀"这个说法，最早见于公元 1 世纪希腊哲学家普鲁塔克（约公元 46—120 年）所撰述的名人传记，此后一直深入人心。但其实普鲁塔克是在克里奥帕特拉女王死后 70 多年才诞生，埃及艳后的死因始终众说纷纭。

◇ 法老阿赫摩斯

古王国时代的埃及原本既繁荣又和平，后来由于财政恶化（后世学者推测很可能与兴建金字塔有关，因为在这个时期完成的金字塔超过 20 座），再加上贵族夺权，中央王权开始出现了衰落的迹象。到了中王国时期，底比斯的贵族统一了埃及，中央王权才明显得到短暂的恢复。

一种说法是，到了公元前 18 世纪中叶，来自西亚的游牧民族挟着强有力的弓箭以及马匹和战车，悍然越过西奈半岛侵入埃及，他们被称为喜克索斯人。不巧此时的埃及内部不能团结，因此完全无法抵挡，喜克索斯人势如破竹，没花多大工夫就控制了埃及北部地区，占据了埃及北部地区的王位长达 100 多年。一直到公元前 16 世纪，法老阿赫摩斯领导埃及人民学会了如何运用喜克索斯人的武器，终于赶走了喜克索斯人。

◇ 哈特谢普苏特女王

自公元前 18 世纪以后，古埃及进入新王国时期。前面我们已经提到过，按照埃及王朝的惯例，如果没有合法的男性继承人，可以由女儿来继承王位。新王国时期的法老图特摩斯在执政 30 年之后，由于没有儿子，便将政权交给他的女儿哈特谢普苏特和她的丈夫图特摩斯二世，让这对夫妻来共同执政。后来，图特摩斯二世在过世之前虽然已经指定了王位继承人，但妻子哈特谢普苏特根本不听他的，反而更加毫不掩饰地独揽大权，将自己的摄政时间延长了 22 年，造成了图特摩斯三世在统治初期的艰难。

野心勃勃的哈特谢普苏特行事作风尽量适应埃及男性社会传统，比如，她把自己的名字改为过去男性法老们的名字，还喜欢把自己打扮成男性的模样，并戴上假胡子，刻意追求一种雄赳赳、气昂昂的男性形象。

✦ 哈特谢普苏特女王人面狮身像。哈特
✦ 谢普苏特女王是埃及历史上同时也是
世界历史上第一位女王

尼罗河孕育的埃及文明

在哈特谢普苏特统治时期，建造了许多如陵墓、神庙[1]等令人叹为观止的建筑，这是她留给后世的珍贵文化遗产。

◇ 法老图特摩斯三世

哈特谢普苏特过世之后，图特摩斯三世总算可以一展才能了。

公元前1567—前1085年是新王国时期的极盛时期，在此时期，埃及不断向外扩张。图特摩斯三世治国的时间长达半个世纪（公元前1490—前1436年），他曾经连年征战（至少有17次亲征），使得埃及的国土较之以往扩大了许多：往南扩展至尼罗河第四瀑布，往东北推进至幼发拉底河，征服了巴勒斯坦和叙利亚，称得上是军功彪炳。

◇ 法老阿蒙诺菲斯三世

法老阿蒙诺菲斯三世为埃及奠定了艺术的基石，他对神庙、塔楼、宫殿、金字塔宏伟的大门等都非常讲究。此外，他的外交政策也相当成功，对外保

1　关于神庙，有学者指出，越是集体主义化的社会，在艺术方面的表现就会愈趋重于建筑，古埃及就是这样的。古埃及的建筑，在古王国时期最著名的就是壮观的金字塔，在中王国和新王国时期，则是以宏伟为特色的神庙。在宗教信仰之余，金字塔和神庙其实也都是权力崇拜的产物。另外，新王国时期的建筑数量在埃及可说是首屈一指。

持了良好的和平关系。

◇ 法老阿蒙霍特普四世

这是一位相当有争议的法老，他对国家政务毫不关心（似乎也不擅长），一心一意只想从事宗教改革。

在他统治伊始，祭司阶级也愈来愈跋扈，阿蒙霍特普四世遂决心加以改革。他首先把祭司逐出神庙，又命令全国老百姓从此必须统统改信日神阿吞，还把自己也改名为"埃赫那吞"，意思是"日神阿吞的仆人"。这可以说是古埃及的一次一神崇拜的试验。然而，埃及自古以来一直都是多神崇拜，忽然只崇拜一位日神，大家都很难适应和接受，再加上祭司阶级的阻挠和破坏，这次改革终究还是失败了。在埃赫那吞之后，继位的法老立即又恢复了传统的多神崇拜。

◇ 法老拉美西斯二世

法老阿蒙霍特普四世几乎把所有的心力都放在宗教改革，以至停止了王国的对外扩张，直到拉美西斯二世[1]才又恢复了对巴勒斯坦和叙利亚南部的控制，并与来自小亚细亚的赫梯人发生了军事冲突，然后在公元前1270年订立了和平同盟条约，内容包括了今后双方互不侵犯、引渡犯人、共同防御等事项。根据学者考据，这很可能是人类有史以来最早的一个国际条约。为了慎重起见，条约刻在银板之上，双方各执一份，只不过，基于保护各自的尊严，双方都表示是对方主动求和。

拉美西斯二世颇为贪图享受，妻妾子女数以百位计，他还喜欢大兴土木，

---

[1] 开罗的博物馆里，目前仍保存有一具完整的埃及法老的木乃伊，就是拉美西斯二世。

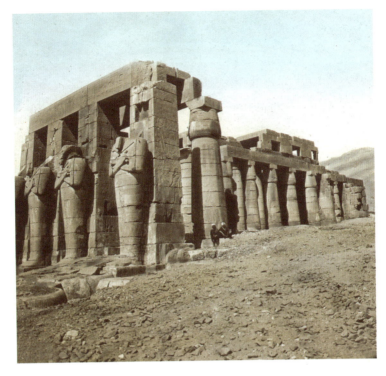

✦ 拉美西斯二世用自己的雄心和实力开创了埃及历史上疆域最广、实力最雄厚的一段统治
时期。他修建的拉美西姆神庙是后人了解那段辉煌时期非常重要的参考

强迫大量的奴隶修建神庙、宫殿等，对于战绩又总是喜欢一再自夸，凡此种种都加速了埃及走向衰亡。

◇ **法老拉美西斯三世**

拉美西斯二世属于新王国时期的第十九王朝。原本经由第十八王朝几位法老的努力，埃及已成为一个大国，但是在拉美西斯二世之后的继位者，慢慢面临来自大批海上民族的威胁，接下来希伯来人也逐渐兴起，埃及开始遭受外族的入侵。直到第二十王朝的法老拉美西斯三世，终于率领大家再次将海上民族击退。

法老拉美西斯三世可以说是古埃及历史上最关键的一位人物，也是最后一位还具有影响力的法老。在他之后，埃及的国势就日趋衰落了。

攻伐不断的两河文明

在底格里斯河和幼发拉底河两条大河流经的区域中，

各种民族不断来来去去，

试图兴建傲人的大帝国，

虽然帝国美梦破碎，

却留下了人类史上最早的法典、史诗、图书馆、圆周率……

以及《圣经·旧约》，

可说是多元文化的璀璨成果。

两河环绕，肥沃月湾

　　一般都公认古希腊文明是欧洲古代文明的最高成就，但其实早在古希腊人进入文明阶段之前，两河流域的文明就已经持续长达 2000 多年了。可以说，古希腊[1]人的许多成就，都是在两河流域文明的基础之上发展起来的，因为早在 5000 多年以前，两河流域的人们就已经发展出相当高度的文明。

　　就整个世界文明来看，埃及文明和两河流域文明到底谁先谁后，这个问题在学术界至今仍然没有定论；大多数学者支持应该是埃及文明较先，但也有学者认为应该是两河流域文明更早。不过可以确定的是，由于地理位置接近，这两种文明不仅都广泛影响了古代的埃及、两河流域和地中海世界，甚至也曾相互影响，之后经由希腊、罗马的传承，埃及文明和两河流域文明中的一部分就这样成为后世西方文明的源头。

1　古希腊不是一个国家概念，而是一个地区的称谓，其疆域大致可分为七大地区，分别是伯罗奔尼撒半岛、希腊中部、希腊西部、色萨利、伊庇鲁斯、马其顿和海外殖民地。

攻伐不断的两河文明

有一个基本观念我们一定要先搞清楚，那就是后世所说的"两河流域"，又叫美索不达米亚，这是希腊语，意思是"两条河之间的土地"。那么，是指哪两条河呢？就是底格里斯河和幼发拉底河。前者长 1851 千米；后者长 3597 千米，是西亚最长的河流。

这两条河都发源于土耳其东部，并且都朝东南方向奔流，最后在伊拉克东南端汇流，形成阿拉伯河之后，再流入波斯湾。底格里斯河贯穿伊拉克，幼发拉底河则曾经多次改道，流经叙利亚和伊拉克。

其实美索不达米亚这个词有广义与狭义两种不同的定义，古代的美索不达米亚是采用的狭义的定义，单纯指两河之间的土地，相当于今天的伊拉克；若简单区分可以分为南北两个部分，南部称为苏美尔，北部称为阿卡德。

另外一种也相当普遍的说法则稍显复杂，基本上是将古代的美索不达米亚分成三个部分，北部称为亚述（就是今天的巴格达至波斯湾等地）；中部称

✦ 苏美尔人想出了如何收集和疏通底格里斯河和幼发拉底河溢出的水及其中富含的淤泥、然后用它们来灌溉和施肥农田的方法。他们设计了复杂的运河系统，通过芦苇、棕榈树干和泥土建造水坝，可以打开或关闭闸门来调节水流

为巴比伦，但位于巴比伦北方的区域叫作阿卡德；南部则为苏美尔地区。

总之，美索不达米亚的北部和西部通向地中海，南部则通往印度洋。

两河流域的自然条件在很多方面都与尼罗河流域颇为相似，比如，都拜河流之赐形成了一个狭长的谷地，尼罗河在非洲东北部形成谷地，两河则在亚洲西南部形成谷地，只不过两河所形成的谷地不如尼罗河区域封闭。谷地都同样有利于人口的集中，居住在谷地周边的人们，农业用水全赖尼罗河和两河的泛滥，等等。

然而，尽管两河流域地理环境条件不错，尤其是通过叙利亚沙漠、沿着幼发拉底河直到叙利亚北部这块地区，还被称之为"肥沃月湾"[1]或"新月沃土"，但是底格里斯河和幼发拉底河的泛滥不如尼罗河规律，而且一旦开始泛滥所造成的灾难经常更甚于尼罗河，尤其是底格里斯河的泛滥非常吓人，水势之猛、破坏力之强，总让人感到无比绝望，仿佛末日将至。西方远古传说中洪水毁灭世界的故事，譬如基督教《圣经》中诺亚方舟[2]的故事，就是源自两河流域。

其次，两河流域的气温也不如尼罗河流域平稳，往往夏季太热，冬季又太冷。我们就以今天伊拉克中部平原来考察，夏季竟然可以高达48.8℃，冬季又跌至冰点以下。如此极端的气温，再加上河水泛滥不规律，可想而知

1　肥沃月湾属于地理名词，最早是由一位美国的埃及学家詹姆斯·布雷斯特德提出来的，原指始于地中海、延伸到两河之地，包括巴勒斯坦、腓尼基、叙利亚及两河流域之地，由于在地图上的形状看起来像一弯新月，因此命名为"肥沃月湾"。肥沃月湾上有三条主要河流的流域，除了幼发拉底河和底格里斯河之外，还有一条约旦河。面积加起来一共有四五十万平方千米。后来也有其他学者把肥沃月湾的范围扩大，将埃及也涵盖在内。

2　按《圣经》的记载，诺亚根据上帝的旨意，在洪水来临之前建造了一个巨大的方舟，然后他们一家八口带着超过一年的粮食，以及各种飞禽走兽（都是雌雄各一对）登上了方舟。不久，大洪水来了，淹没了一切，只有诺亚一家以及方舟里的生物得以逃过一劫。洪水过后，诺亚方舟搁浅在阿勒山上（专家认为就是现在的亚美尼亚和土耳其东部的一座直径约40000米的死火山锥，可见当时洪水造成的积水有多深）。后来上帝以彩虹作为立约的记号，表示以后不会再因人类的缘故而诅咒大地，并且会让各种生物从此生生不息。

✦ 1864 年美国画家绘制的《诺亚方舟》

想要在这里保持稳定的农业生产，自然比尼罗河流域要困难，人们的生活也就比较艰困。

　　还有很重要的一点是，两河流域缺乏尼罗河流域所拥有的天然屏障。由于流域两侧没有峭立的山崖，无论从上游或东侧山地还是从西南方的沙漠地区，都可以很容易进入两河流域的谷地，这直接影响了两河流域文明的发展；不同的民族入主过这里，并建立过不同的王国，使得文化的发展有时会出现中断的情况，也让人们对生死等哲学方面的思考与埃及文明有着非常明显的差异。

异族入侵，融入闪米特

在开始正式介绍两河流域的文明之前，我们不妨先对曾经在这里活跃过的人们有些大致的了解。

◈ 苏美尔人

早在公元前 5000 年左右，两河流域就已经有人类居住，我们姑且称之为原住民。如果不算原住民，苏美尔人是目前已知最早来到两河流域的人群，他们很可能来自今天的土耳其或伊朗高地。在公元前 4000 年左右，苏美尔人就已出现在两河流域，然后与原住民相融合。

在公元前 3500 年前后，两河流域曾经发生过一次大洪水。洪水过后，苏美尔人完全占有了两河流域下游（也就是南部）。由于南部的土地非常肥沃，不免引起附近其他民族的觊觎，苏美尔人不仅要面对两河流域的泛滥问题，还必须拿起武器保卫家园。

✦ 苏美尔人为人类驯养了最早的绵羊，然
后他们用羊毛来纺织衣服，而那时候世
界其他地区大部分人还在穿兽皮

　　他们最初的政治组织形式是城邦，先后在两河流域建立了好几个奴隶制的城邦国家，这些城邦国家都是以某一个城市作为中心，再连同周围的土地，人口一般仅数万人。为了抢夺财物和奴隶，城邦之间往往征战不休。后来，很多城市因为临近海洋而成为经济活动热络的新兴据点，并且逐渐走向君主政体，终于导致苏美尔氏族制度的崩溃。

　　苏美尔人是两河流域文明的奠基者，这方面，我们会在下一节作更详尽的介绍。

🔶 阿卡德人

　　在公元前 2350 年左右，苏美尔人地位被阿卡德人所征服。

　　阿卡德人属于闪米特人的一支，原来居住在两河流域的中部，后来扩张的速度很快，到了公元前 3000 年就已扩展至几乎整个美索不达米亚地区，然后在首领萨尔贡的带领之下，从死海等地进入苏美尔地区，建立了王朝。萨尔贡就是阿卡德王朝的创始者。

阿卡德王朝统治两河流域大约 100 年，后来因为外族入侵，使两河流域产生极大的混乱。在此期间，苏美尔人的势力一度得到复兴，文化发展更是达到鼎盛。

◈ 阿摩利人

阿摩利人是另外一支闪米特人，他们从西侧进入两河流域，在阿卡德王朝旧地建立了巴比伦城。到了公元前 1760 年左右，巴比伦城邦第六任国王汉谟拉比花了二三十年的时间，先后灭掉了其他城邦，统一了两河流域，建立了第二个统一的闪米特王国，史称古巴比伦王国。

经过古巴比伦王国时期，苏美尔人和苏美尔文明已完全被闪米特人所吸收融合，苏美尔人从此成为了历史名词。

◈ 加喜特人

公元前 1600 年左右，加喜特人从东北山地入侵，不仅灭掉了古巴比伦王国，也把马传入了两河流域。后来无论是在埃及还是在西亚，马的使用范围愈来愈广，尤其是被广泛用在军事上。

◈ 亚述人

亚述人擅长以马和铁兵器作战，从公元前 10 世纪开始就发展出一个非常好战的军事帝国，全盛时期为公元前 9 世纪和公元前 8 世纪。

公元前 8 世纪，具体在公元前 729 年，亚述人征服了巴比伦，从此之后

✦ 绘有古代亚述人服饰的插画，上图中左 4 和下图中右 2、右 3 都是国王在不同场合的装扮

一直到公元前 625 年的 104 年间，两河流域都是属于亚述帝国的领土。

◈ 迦勒底人

　　迦勒底人也是闪米特人的一支，定居于两河流域的西南方。公元前 612 年，他们和米底人联合起来攻陷了亚述帝国的国都，亚述帝国宣告灭亡。

　　随后，继亚述人之后迦勒底人成为西亚帝国的主人。后来，就连过去亚述人都未能征服的犹大王国也被收入了他们帝国的版图。由于迦勒底帝国定都于巴比伦，所以史称新巴比伦王国。

　　迦勒底帝国的国祚仅 87 年（公元前 626—前 539 年），后来被波斯帝国所灭。随着迦勒底帝国的灭亡，两河流域闪米特人王国的历史也就到此结束。

苏美尔文明：奠定两河流域文明的基础

前面我们已经说过，苏美尔人是两河流域文明的奠基者。之后的巴比伦人、亚述人，都是在苏美尔文明的基础之上再加以增饰，然后发展出属于自己的文化。

不仅两河流域的文字是苏美尔人创造的，其他诸如宗教、法律、商业以及大部分的科学，也都由苏美尔人奠定基础，只有在艺术、政治组织、军事技术等方面，后继的闪米特人才有更重要的创造和表现。

现在，我们就从几个方面来了解苏美尔文明。

◈ 楔形文字达意又表音

学者推断，大约从公元前 3500 年左右，苏美尔人在两河流域下游（也

✦ 古代苏美尔人创造的楔形文字一直被
使用到公元元年前后，后失传；19 世
纪以来才被陆续译解，从而形成一门
学科——亚述学

就是南部）安顿下来开始，他们就创造了楔形文字[1]。

楔形文字最初是图画文字，比如，苏美尔人会用一个图案来表示天空，一个图案表示水，一个图案表示鸟，一个图案表示牛，等等。如果要表示某一种状况或是现象之类，那他们就将两个图案结合，譬如将天空和水结合，是表示下雨。

后来，为了简化，就慢慢发展出用一个图案（或视为符号）表示好几种意思，比如一个"脚"的图案，除了"脚"的本意，也有站立、行走之意，就看写字者怎么用。若按现代概念来说，就是要结合上下文、注意语境，这就是"表意符号"。

随着语言的发展，符号也可以用来表示声音，苏美尔人又逐渐将原本的图画符号演变出大约 350 个表音符号，成为一种"表音文字"。为了表达某一个字是什么意思、应该发什么音，苏美尔人又发明了部首文字。

苏美尔人发明的楔形文字，被后来的阿卡德人、巴比伦人和亚述人大致

1　1835 年，一位名叫罗林森的法国学者，在伊朗哈马丹郊外的贝希斯顿村附近，发现一块悬崖，上面除了当时已知的新埃兰文和古波斯文之外，还有一种学术界都不认识的文字，每个笔画都由粗至细，看上去就像一个个小小的木楔子似的。经过 8 年的努力，到 1843 年，罗林森先译解了其中的古波斯文，再拿古波斯文与这种陌生的文字对照，终于成功解读。由于它犹如木楔的形状，所以就被称为楔形文字。

采用，然后经过若干变化，再发展出属于他们自己的楔形文字。事实上苏美尔人的楔形文字可以用于任何语言，之后的赫梯人和波斯人也都采用此种文字。

因为苏美尔人当时还不懂得造纸，所以一般都是写在泥板[1]上。他们会先用细细的绳子在泥板上打好格子，再将芦苇或是小木棒的头削尖，在泥板上写字（其实应该说是压字），所以才会造成落笔处比较粗、提笔处比较细，看起来有如木楔的样子。等到写好了，再将泥板晾干或是用火烤干，这就是泥板文书。

❀ 天文学和数学

苏美尔人的医学发展程度远不如埃及，所谓的医学往往只是一些混杂着草药与玄怪的东西，包括驱鬼之类在现代人看来实属荒诞不经的做法，但他们的天文学和数学都很发达。

在数学方面，苏美尔人超越了埃及人，已经发展出高级的乘法和除法，而且会计算平方根与立方根，不过在几何学方面，还是埃及人更强一些。

苏美尔人计数的方式是十二进制，这是他们计数和度量衡的基础，并以60 为普通的计算单位，还发明了刻漏。直到现在，全世界都还是以六十进制来将时间划分为时、分及秒。苏美尔人的面积和重量单位也大多采用六十进制，这样的做法，被日后的古希腊和古罗马所继承，在欧洲有些地方甚至沿用至 18 世纪。此外，"将圆周分为三百六十度"的概念，最初也是在苏美尔人那里初具雏形。

---

1 最初的泥板形状不一，有的是圆形，有的是不规则形，不方便书写也不方便存放，后来才慢慢改为方形。保存至今的苏美尔楔形文字几乎都是刻在方形的泥板之上。

在天文学方面，苏美尔人经过细致的观察，按照月亮的盈亏，将一年分为 12 个月，一共 354 天，同时还设闰月来调整阴历与阳历之间的差异。

◈ 农耕建筑和冶金工艺

两河流域是世界上最早成功发展农耕的地方，两河流域的经济也一直是以农业为基础，这也是苏美尔人所打下的根基。苏美尔人不但已经会用犁来耕地，水利灌溉规划也很发达。

苏美尔人相当擅长冶金、雕刻以及宝石加工。从公元前 4000 年至前 3000 年初，每一个城市的雕刻师、木工、铸工等工匠都很忙碌，市场需求量相当大。他们对于金属的提炼技术不断精进，不仅可以提炼出金、银、铜、锡、铅等五种纯金属，也可将它们熔合制造合金。他们也会从印度进口象牙和宝石，从塞浦路斯及小亚细亚进口铜，从高加索进口锡。除此之外，苏美尔人还懂得制作珐琅的技术，对于饰品上的光泽和线条也挺讲究。

陶器在苏美尔人的生活中相当普遍。他们很擅长制作陶器，主要还是制作彩陶，举凡生活中所使用的酒杯、盛食物的容器、装油的油缸等，很多都是鲜艳夺目的彩陶，甚至还用陶箱作为棺材。

在建筑方面，由于缺乏良好的建筑材料，苏美尔人几乎只能采用日炙泥砖来从事建造，这么一来，无论是建筑物的规模还是装饰，就都受到了限制，与埃及的建筑无法相提并论。不过，苏美尔人发明了一种独特的建筑结构，那就是"拱"，以及从"拱"演化而来的半圆形屋顶，这对于后世建筑艺术的发展倒是产生了很大的影响，譬如拱门、拱形物等。

整体而言，尽管不像埃及建筑那么宏伟壮观，但苏美尔人的建筑还是给人一种厚重感，这一点倒是与埃及建筑的风格颇为类似。后来，闪米特人学习了苏美尔人建造神庙的方式，以层级的平台和建立于最高平台之上的神龛构成，后世称之为"塔庙"。

✿ 乌尔王复兴苏美尔王朝

在苏美尔人为两河流域文明所奠定的基础当中，还有一个非常重要的贡献，就是法律。尽管最初他们并没有符合现代意义的法律观念，只不过是一些习惯，但这些习惯毕竟都是基于社会稳定的需要而存在，因此可以说已经具备了法律的雏形，这对后世的影响是相当深远的。

在上一节曾经说过，尽管苏美尔人的地位在公元前 2350 年左右被阿卡德人所取代，但是在大约 100 年以后，因为外族入侵，阿卡德王朝随之衰落。而在此期间，苏美尔人的势力一度得到复兴[1]，就在苏美尔人的势力复兴之后，后世所知道的全世界第一部成文法典[2]产生了。

也许你会好奇，那么苏美尔人的这部法典，里边都有些什么内容呢？

就目前的资料看来，我们所熟悉的"以眼还眼，以牙还牙"就是源自苏美尔人的法典，后来它的精神经由《汉谟拉比法典》和《摩西十诫》[3]传承了下去。

1　苏美尔人的势力一度得到复兴，领导苏美尔人东山再起的领袖名叫乌图赫伽尔，这个时期被后世学者称为乌尔第三王朝，一般的说法是在公元前 2050—前 1950 年左右，但也有学者认为时间应该要更早一点。总之，乌尔第三王朝号称统有苏美尔与阿卡德，并且建立了初级的行政系统。

2　事实上，当时出现了多部法典，这些法典至今只剩下断简残篇，但丝毫不影响它们在人类文明史上的光芒。这部法典的意义，不在于它们的内容，而在于它们是人类最早的法典，它们不仅被之后统治两河流域的阿摩利人、亚述人、迦勒底人、希伯来人所继承，而且很多学者已经证明就是历史上非常著名的《汉谟拉比法典》的前身，更是后世法律思想、法律系统的滥觞。

3　《摩西十诫》简称《十诫》，传说最初是由神（耶和华）亲自将十条戒律刻在一块石板上，不久又在西奈山的山顶亲自交给摩西，它是耶和华对以色列人的告诫。后来，摩西眼看族人根本都不遵守这十条戒律，一怒之下就将这块石碑给毁了，但耶和华随即命令摩西再重新制作一块新的石碑，上面仍然刻着十条戒律，这块石碑完成之后就放在约柜里。

◆《摩西十诫》是《圣经》中记载的上帝借
由以色列的先知和众部族首领摩西向以
色列民族颁布的十条规定，犹太人奉之
为生活的准则

攻伐不断的两河文明

　　摩西属于古希伯来民族，也就是公元前 13 世纪时犹太人的领袖，传说他受耶和华之命，率领被奴役的希伯来人逃离古埃及，前往一块叫作"迦南"的富饶之地。这一趟旅程极其艰辛，历时 40 多年，最后摩西在眼看就快抵达目的地的时候过世了，这就是《出埃及记》的故事。在摩西的带领之下，希伯来人摆脱了过去被奴役的悲惨生活，也终于学会了遵守十诫，并且成为历史上第一个尊奉单一神宗教的民族，所以史学界普遍认为摩西是犹太教的创始者。长久以来，无论是十诫、约柜或是摩西，都成为很多文学以及影视作品喜欢大加发挥的题材。

　　苏美尔人这部法典的内容，当然还很粗糙，比如还不能区分蓄意犯罪和过失犯罪有什么不同；同样的犯罪，所得到的惩罚会因阶级不同而有所不同，还没有现代"公平"的原则；甚至即使有了判决也很难执行等，总之就是还不能很有效地维持社会秩序，但是不管怎么样，至少我们已经可以从这部法典看到法律意识的萌芽了。

古巴比伦文明：
现存最古老的法典与史诗

在苏美尔人奠定了良好的基础之后，两河流域文明进入第二个重要阶段，最突出的政权是古巴比伦王国。

《汉谟拉比法典》

这个时期最了不起的成就便是《汉谟拉比法典》，这是截至目前人类保存最完整、最古老的一部成文法典。这部法典的诞生，除了从苏美尔文明那里得到传承之外，也有其不可忽视的背景因素，那就是在古巴比伦王国建立以后，与过去苏美尔文明的城邦制度相比早已大不相同，在苏美尔人之后阿卡德王朝政治组织的影响之下，古巴比伦王国的君主权力至高无上，可以说凌驾一切，在这样的情况之下，自然需要一部法典来规范人民，同时，在法典制定出来以后，政府也会有较强的执行力。

◆《汉谟拉比法典》石柱（现藏于巴黎卢浮宫博物馆）局部图和生活在两河流域的苏美尔人创造的楔形文字

《汉谟拉比法典》至少有以下七个特色：

1. 王权至上。在法典的"前言"中就开宗明义地宣布，古巴比伦王国位居世界最高地位，而他（汉谟拉比）本人则负责光耀正义、消灭邪恶、制止"强凌弱"（强者欺负弱者）和"众暴寡"（多数人欺负少数人），这些都是来自神的旨意。

2. 内容相当丰富。《汉谟拉比法典》除了前面的"前言"和后面的"跋语"之外，正文部分有282条左右的"律文"或判决的规范，涉及人民生活中的很多层面，譬如杀人、伤害、抢劫、窃盗、诽谤、贸易纠纷、雇主与被雇者之间的权利义务关系等，甚至对于贷款利息、妇女地位（主要是规定妇女可以支配其私产）等都有规定。从今天的概念来说，就是既包含了刑法，也包含了民法。

3. 惩罚从严。不仅强调"以牙还牙，以血还血"的精神，不少在今天看起来或许仅仅算是行为失当、还不算是罪大恶极的行为，在《汉谟拉比法典》中往往都会获得死刑的严重判决，而那些被认为有叛乱嫌疑的人，当然就更是死路一条了。

4. 阶级差别。古巴比伦王国将全国人民分成三等，分别是"全权自由人"（包括贵族、商人、僧侣等）、"无权自由人"（包括自耕农、手工业者等）和奴隶（除了一般概念的奴隶，还包括战俘和负债人等），人民在法律面前不能享有一律平等的待遇。

5. 保障财产。比如，"如果有人从庙宇或私宅偷取财物将被处死""如果收受偷窃财物者也将被处死"等，都充分彰显了财产的不可侵犯。

6. 保障社会稳定。譬如，限定基本货物的价格，维持市场供需正常；度量衡必须诚实无欺；规范家庭关系，规定夫妻双方必须保持绝对的忠诚等。甚至一旦发生纠纷，如果难以处理，就必须由受害者所在城市来负责赔偿受害人。

7. 法典的永久性。在《汉谟拉比法典》卷末的跋语中特别强调，在汉谟拉比之后，所有古巴比伦王国的统治者都不准更改法典中的所有条文，并且还严词诅咒日后那些企图更改法典的人。

《汉谟拉比法典》被后来统治两河流域的亚述人和迦勒底人所沿袭，但多少作了一些更改（大概因为不属于同一民族，也就不怕什么诅咒了吧）。比如，亚述人把妇女视为丈夫的私产，甚至不准出现在公共场合，不能让别人看见她们的脸。此外，亚述人对于叛逆、堕胎、同性恋等都采取更为严厉的处罚。学者认为这应该与亚述人好战、必须确保人口数量有关。

从《汉谟拉比法典》对于人民私产采取强有力的保护做法就可透露出一个信息，那就是两河流域的社会经济在这个阶段有了新的发展，商业的重要性明显提高，与此同时，王国对于经济的管理也相当严格。

不过，大多数人民仍然是从事农业，佃农的租税负担也还是相当沉重，必须缴纳农田收获物的 2/3 给地主，如果是耕种王田，佃农就需要把同样的收益缴给政府。

此外，国家允许土地私有，但人民也必须珍惜，善加运用分配的土地，如果废田不耕，或是放任堤防沟渠失修，都会受到惩罚。

攻伐不断的两河文明

　　古巴比伦王国时期迷信之风颇盛，他们在科学、工艺等等方面没有什么特别的成就，然而世界上最早的史诗《吉尔伽美什》[1]，这时被翻译成阿卡德语，继续传播，这倒是一件很值得一记的大事。

　　《吉尔伽美什》最完整的版本大约有3000行，写在12块泥板上，这些泥板碎片后来在叙利亚和土耳其都有被发现。吉尔伽美什是主人翁的名字，他是一位勇士。《吉尔伽美什》是一个寻求永生最后却只得到失望与无奈的故事。从这个故事也可以看出两河流域文明中对于人生以及死后世界均持比较悲观的态度。简单来说，他们虽然也相信"灵魂不死"，但认为死后的生活是悲惨的，所以非但不必那么费事去建造什么豪华的坟墓，还应该把握在世的短暂时光，好好享受，及时行乐，因为永生是不存在的，无论是怎样的英雄豪杰（譬如吉尔伽美什），无论如何穷尽大半生去追求，最终都会发现任何功业、盛名、财富都无助于永生。

✦《吉尔伽美什》中的故事有不同的版本，每个版本都不完整。古巴比伦泥板是最早发现的史诗文本，和后来发现的阿卡德泥版构成现代翻译的重要来源

1　虽然学者都认为《吉尔伽美什》比希腊史诗譬如《伊利亚特》和《奥德赛》要早，但究竟早多久则没有定论。

亚述文明：战争推进亚述科技与艺术

亚述人的发祥地在底格里斯河中游的阿淑尔城，那里多山，生活本来就比较艰难，再加上还要不时小心提防来自叙利亚和小亚细亚的侵略，这些客观因素使得亚述人养成了好战的传统。等到他们站稳了脚跟，解除了来自外部的威胁之后，为加强自身的安全保障，亚述人也摇身一变成为侵略者，积极向外扩张。就这样，亚述人在历史上留下的最鲜明的形象就是非常好战。

他们拥有当时最厉害的武器，包括铁剑、长矛、特别强劲的弓箭、云梯[1]、撞墙车等（后两者都是攻城利器），军队首领也是全国最有权势、最为富有的阶级。虽然整体而言亚述帝国还是以农为本业，但大部分的耕地都属于王家、神庙和军队首领所有，人民的生活相当困苦。

1　在古代的战争中，攻城总是非常困难的。亚述人在公元前 729 年征服了古巴比伦王国，如果以这个时间点作为参考，中国要到 200 多年以后，在战国初期的鲁国才有一位了不起的发明家鲁班（公元前 507—前 444 年），他在 57 岁左右应邀来到楚国，为楚国制造兵器时，也发明了云梯。楚王本想以云梯去攻打宋国，以此来试试云梯的威力，宋国的哲学家墨子（生卒年不详）得知之后，特地徒步十天十夜赶到楚国，好不容易才说服楚王放弃攻打宋国。

亚述人对于两河流域文明最大的贡献表现在两个方面：一为实用科学与技术，二为建筑与雕刻。这两者都与军事有关，前者有助于提高军队的战斗力，后者则是宣扬他们的赫赫战功。

✦ 亚述军队的骑射手

亚述人在实用科学与技术这方面的成就有：

● 继承之前苏美尔人的研究，最早定出圆周为 360 度。

● 最早应用一种近似现代经纬度的方法来表示地理位置。

● 经由对天象的观察，已经能认出金星、木星、土星、水星和火星等五个行星。

● 已经能相当准确地预测日食和月食。

同时，亚述人还记录了 500 多种药物，有植物也有矿物，尽管初衷主要是保障士兵的健康，保证他们的战斗力，但重视医药的结果对于普通老百姓来说自然也是一件有益的事。但同时亚述人也依然相信符咒之类的效力，或是将那些难以治愈的疾病归因于自然因素。

在建筑方面，由于亚述人的居住地周围多山，所以他们用石材取代以前用的日炙泥砖，这使得他们的建筑无论是外观还是可发挥的空间都有了很大的提升。此外，苏美尔人所发明的"拱"这个特别的建筑形式经过亚述人的发展，也有了更加宏伟的气象，若仅论宏伟，甚至足以与尼罗河流域的建筑相提并论。

刻在建筑上面的浅浮雕是亚述人在艺术方面的耀眼之处。这些浅浮雕大多是采取连环图画的形式，呈现的主题则大多是战争故事以及君王的狩猎故事、宫廷生活。亚述人还很喜欢表现战争的残酷场面、巨兽的垂死挣扎等，这些凸显了亚述人勇猛残暴的本质，但是他们似乎颇以这样的特质为荣。

◈ 图书馆收藏上万块泥板

亚述帝国持续了一个世纪左右，在文化方面乏善可陈，但是在如此崇尚军事的王国中，还是出了一位重视文治的君主，他的名字叫作亚述巴尼拔，是亚述王国末期的君主，在他过世之后仅仅十几年，亚述王国就灭亡了。甚至有学者表示，亚述巴尼拔是亚述帝国唯一一位重视文治的君王。现代考古学家在亚述王宫遗址发现了亚述巴尼拔的图书馆，里面藏有楔形文字的泥板超过 2 万片，内容极其广泛，有王朝世系表、历史记事、朝廷诏令、官吏奏章、商业契约，还有医学、天文学、数学、哲学、文学等著作，以及符咒、占卜文字等记载，是后世了解亚述帝国乃至于了解在亚述帝国之前两河流域的历史非常重要的依据。我们在上一节提到的世界上最早的史诗《吉尔伽美什》，就是在这座亚述巴尼拔图书馆中发现的。

新巴比伦王国：新帝国建筑伟业

继亚述人之后，在两河流域独领风骚的是迦勒底人，建国的君主名叫那波帕那沙尔，他所建立的帝国与古巴比伦王国颇有渊源。

原来，古巴比伦王国在汉谟拉比国王去世以后就不断受到外族的入侵，后来历经长达数百年的战乱，到了公元前 7 世纪末，才在那波帕那沙尔国王领导之下建立了迦勒底帝国。由于仍然像之前古巴比伦王国一样定都于巴比伦城，所以史称新巴比伦王国。

◈ 整建空中花园与巴别塔

迦勒底帝国从建国伊始，就想要复兴古巴比伦王国的文明，后来那波帕那沙尔的儿子尼布甲尼撒二世于公元前 600 年左右，下令建造一座庞大的空中花园（后世称为古文明七大奇迹之一），并计划重建在当年亚述军队攻占巴比伦时被毁掉的巴别塔[1]。

巴别塔坐落于巴比伦，在巴比伦语中，"巴别塔"是"神之门"的意思。就因为这座巴别塔，巴比伦被称为"冒犯上帝的城市"，这里面有一个非常有名的故事。

据说，人类最早的祖先在底格里斯河和幼发拉底河之间建造了一座城市，过着幸福的生活。有一天，他们听说天上的生活更棒，便突发奇想，想一起去天上看看，于是大家就决定建造一座可以高达天际的高塔。他们开始同心协力，用泥土和砖作为建筑材料，把这座塔越盖越高。眼看直通天上指日可待，上帝生气了，心想：这些狂妄的人类为了满足自己的虚荣心，什么事都做得出来，一定要让他们得到一点教训！

据说上次大洪水之后，上帝已经以彩虹为凭与人类约定，不会再用大洪水这一招了，所以这回为了阻止人类继续建造巴别塔，上帝采取另外一个很简单但是很有效的办法，就是"分化"，让人类开始各自讲自己的语言！原来最早的人类是讲同一种语言的。这么一来，大家语言不通，无法交流，无法沟通，无法商量，想要像过去那样群策群力完成这座高塔，就变得非常困难，没多久，这座高塔就造不了了，然后就这么荒废了。

1　巴别塔的故事被记载在《圣经·旧约·创世纪》第十一章里，它是一座通天塔。我们在第一章古埃及文明第一节中介绍过的古希腊史学家希罗多德，曾经在著作中描述过巴别塔的样子，他说巴别塔是一座实心的主塔，高约201米，一共8层，塔顶有一座巨大的神庙，在塔的外面有一条长长的螺旋状通道绕塔而上，半途还设有不少座位，可供人们在登塔途中休息……不过，希罗多德笔下的巴别塔曾经多次毁于战火，然后又多次重建，后来随着两河流域文明的没落，巴别塔再也无法恢复当年的雄伟与壮观。

◆ 16 世纪绘制的关于巴别塔的画作。为了让建筑整体看起来更加美观、气势，工匠们很有创意地想出了螺旋形阶梯的设计

◆ 19 世纪画家所绘制的巴比伦空中花园，从图中可以见到画中的巴别塔

城墙可容四马战车回转

巴比伦古城究竟在哪里？这一问题一直令考古学家深感困惑又非常好奇，1899 年，德国的考古学家在幼发拉底河和底格里斯河的交汇处，终于找到传说中巴比伦古城的遗址。在此之前，它已经失踪 2000 多年了。

考古学家们发现，巴比伦古城位于一片广袤的平原之上，有内外两道城墙。城墙长达 16000 米，每隔一段距离就有一座城楼。城墙造得很宽，足够让 4 匹马的战车在上面轻松行驶，甚至回转，如此既可抵御外敌，也可保护巴比伦城不受河水的侵害。而幼发拉底河穿城而过，把巴比伦古城分为东西两半，西岸是工商业地区，东岸则是王宫、神庙和贵族宅第。

研究星辰、探究命运

迦勒底人想要重振古巴比伦王国的文明，当然不会只是在建筑这方面下功夫，他们恢复了古巴比伦王国的法律和政府形式，提高了工商业的地位，也重建了古巴比伦的经济制度。

在文化上，迦勒底人最突出的贡献，表现在天文学和宗教两方面。

先说天文学。迦勒底人制定了一种最精密的计时系统，定 7 天为一周，将一天分为 12 个时辰；他们对于日食、月食以及其他天象的观察结果都相当准确……不过，值得注意的是，迦勒底人对于天文学的研究并不是基于科学，而是出于宗教因素。

迦勒底人所信奉的是星辰教，简单来说就是他们崇拜星辰。在迦勒底人的宗教信仰中，神不再具有类似人类的属性，而成了人类万万不可能与之相提并论的存在。如此超凡、全能的存在，当然不可能受到人类的威胁、利诱甚

✦ 迦勒底人不仅在建筑领域创造力非凡，打仗能力不弱于两河流域的其他民族。图片中所展示的是迦勒底人摧毁了耶路撒冷城和圣殿。之后，犹太民族进入对其历史影响深远的"巴比伦之囚"时期

至是欺骗，相反，神是以一种近乎机械的法则在统治宇宙。所以，为了了解那极为神奇的"近乎机械的法则"，迦勒底人才会那么热衷于观察和记录天象。

有学者指出，迦勒底人有感于人类的命运是由神来决定，而神的意志又是极为神秘且不可撼动的，所以为了追求幸福，自然而然就会倾向于一种将自己交给神、交给命运的想法，这其实就是一种宿命思想。

这和中国传统文化中的"天命思想"不大一样。中国的天命思想可以一直追溯到夏朝和西周，后来经过春秋战国时期（公元前 770—前 221 年）百家争鸣以后，所谓的"天命"更是有了很多不一样的内涵，譬如道家的天命大多指宿命，儒家的天命大多指发自个人内心理想的使命，法家的天命是指君王的意志等。

总之，迦勒底人的命定思想，是西方文明史上最早以服从为敬神的思想，后来这种思想又以不同的形式与意义影响了希伯来人的宗教和基督教，然后再扩而广之影响了整个西方文明。

两河文明的传承

在结束这一章之前，我们不妨做一个小结。

本章一开始我们就说过，古埃及文明和两河流域文明到底谁先谁后，至今仍然没有定论。多数学者认为应该是古埃及文明较先，但也有学者认为应该是两河流域文明更早。可以确定的是，由于两者的地理位置还算是比较接近，这两种文明不仅都广泛影响了古代的埃及、两河流域和地中海世界，甚至也曾相互影响。

此外，学者也可以确定，赫梯人[1]、腓尼基人[2]、迦南人[3]和波斯人[4]等，

---

1 赫梯人居住在安纳托利亚高原，在现在的土耳其北部。

2 腓尼基人生活在今天地中海东岸，相当于今天黎巴嫩和叙利亚沿海一带，善于航海和经商，在全盛时期曾控制了西地中海的贸易。

3 迦南人属于巴勒斯坦早期的居民，在血缘上与阿拉伯人和犹太人相近。

4 波斯人是西亚伊朗的主体民族，主要居住在今天伊朗中部和东部诸省，也有部分散居在阿富汗和伊拉克等国境内。

◆ 罗马人以他们在建筑和工程方面的进步而闻名。在罗马人之前，最常用的建筑风格是柱子和门楣。罗马人通过使用柱子和拱门，建造了比以往更大的庙宇和建筑物

都深受两河流域文明的影响，从两河流域文明中承袭了文字、法律、宗教和神治传统。其中又以希伯来人受到的影响最为明显，譬如后世犹太人对于商业经营的重视，甚至总给人一种精明商人的印象[1]，以及宗教中的悲观主义、命定思想等，应该都是源于两河流域文明。

而古希腊和古罗马受到两河流域文明的影响，至少有三个方面：

● 希腊哲学领域的斯多葛学派强调"顺从天命，要恬淡寡欲才能获得幸福"。

● 罗马建筑中常运用拱和半圆屋顶的手法。

● 罗马人相信占卜、礼拜星辰。

此外，后世在世界各地均以 7 天为一周，一天分为 12 个时辰，分黄道为 12 宫，圆周为 360 度，算术中乘法的运用，乃至于人们相信命定之说，喜欢占卜等，也都能看到两河流域文明的影子。

---

1 英国著名剧作家莎士比亚（1564—1616 年）写于 16 世纪的《威尼斯商人》，剧中那个唯利是图、冷酷无情的商人夏洛克就是犹太人，这样的安排也使得此剧在现代演出时经常遭到非议。

第四章

中国黄河流域文化

传说黄帝打败了同族的炎帝、异族的蚩尤，

成为中国远古时代华夏民族的共主。

燧人氏教人用火、有巢氏盖房子、神农氏尝百草，

因此他们被尊为"三皇"。

刻在龟甲与兽骨上的占卜文字，留下了迁都、打仗、攻伐的历史。

在这些传说史料中，华夏民族建立了中国人的身份认同，

黄河文明也成为世界四大古文明的发源地之一。

传说时代：炎黄蚩尤黄河流域争霸

　　"中华民族"这个概念，出现的时间其实并不算很久，它是由清末民初的思想家梁启超（1873—1929 年）在 1902 年提出来的，至今不过一个世纪左右。不过，虽然"民族"这一词的现代意义是在 19 世纪末才从日本传入中国，但"中华"这个词的出现时间倒是非常非常早。源自中国古代的华夏民族，起源于黄河流域一带。因为这里居四方之中，所以被称之为"中华"，又因为历史悠久，文化和科技发达，后来这一区又被称为"中原"或是"中国"。历代每当群雄并起，要争夺天下的时候，都会说"逐鹿中原"。

　　但要特别注意的是，虽然上古所谓的"中国"和后世所说的"中原"差不多，但上古时代所谓"中国"的地域，并不如后世"中原"这么广，只相当于今天陕西大部、山西西南部和河南西北部一带。

黄帝、炎帝和蚩尤

黄河流域是世界四大古文明的发源地之一，孕育了 5000 年的中华文化，所以会有"中华文化上下 5000 年"这样的说法。

在 5000 多年的中华文化中，有一半以上属于"公元前"（公元元年在欧洲是罗马帝国时期，在中国历史上则是西汉时期），从全球角度来看，这自然是了不起的古文明。

第一位把黄帝作为中国历史起点的史学家，是西汉时期的司马迁（生于公元前 145 年，卒年不可考）。司马迁在《史记·五帝本纪》中，把黄帝列为古代第一位君主。一直到现在，每年都还会有大批旅居世界各地的华人，因为有感于自己是炎黄子孙，而自发到中国陕西省的黄帝陵祭拜黄帝。

也许你会好奇，"炎黄子孙"这个词是怎么来的呢？"炎黄"二字之中，"黄"是指黄帝，"炎"是指炎帝，传说他们都是中华始祖，他们两人以及他

◆《史记》被列为"二十四史"之首，与《汉书》《后汉书》《三国志》合称"前四史"

们的臣子、他们的后代，几乎包办了上古时代所有文化、科技上的发明。据说黄帝和炎帝原本属于同一个部落，后来却慢慢成为两个敌对部落的首领，之后在阪泉之战中，黄帝打败了炎帝，两个部落遂又逐渐融合成为华夏族，在汉朝以后就被称为汉人。所以直到现代，许多华人仍自称为"炎黄子孙"。

其实在阪泉之战爆发之前，黄帝已经在涿鹿之战中打败了强敌蚩尤。蚩尤是另外一个部落的领袖，是一个非常强大的对手，不仅他本人很厉害，他还有 81 个兄弟，一个个都是兽身人面、铜头铁额，不吃五谷，只吃河石，很难对付，然而黄帝还是取得了这场战役的胜利。

◈ 三皇绞尽脑汁解决民生难题

从黄帝开始，一直到夏朝最后一个君主桀为止将近 1000 年，被称为中国上古史的传说时代。关于这段时间的历史，古人大体都是相信的，今人已经有了不少新的考古发现，但完全印证这些传说还有待时日。其实，任何一个民族的初期历史，必然都带着浓厚的神话传说的色彩。

我们不妨就来说说两个大家都很熟悉的传说。

◇ 盘古开天地

盘古是一位活了 18000 岁、每天身体都长高一丈的巨人，传说这个世界就是由他创造的，也就是盘古开天辟地，简称盘古开天地。这个神话故事非常有名，但这个故事实际上是到了 3 世纪也就是三国时代才出现的。根据专家学者考据，这个神话最初应该是起源于南方，后来大概是因为三国时期吴国的开发，而从南方传入中原。

✦ 燧人氏是中国古代人工取火的发明者，火的发明结束了远古人类茹毛饮血的历史，也让人们在黑夜里可以感受到光明，在寒冷的冬天可以感受到温暖

◇ 三皇五帝

三皇的说法在秦始皇（公元前 259—前 210 年）的时候就已经有了，当时指的是天皇、地皇和人皇，至于到底是哪三位，说法不一。传说中，教人们农耕的神农、造人的女娲、教人们钻木取火的燧人氏、画八卦的伏羲，都曾经被点过名，他们都是在战国时期（公元前 5 世纪—前 3 世纪）书籍中出现过的远古名人，任选三位就可称为三皇。

总之，即使有些记载表示，在黄帝之前还有盘古和三皇，但相关说法都只能被看作神话，不能算史料。同时，因为关于他们的传说都是在五帝之后，所以在史家看来，无论是盘古或是三皇，都不能取代黄帝的历史地位。

关于黄帝的传说，虽然没有考古的依据，但总是可以代表着一个阶段的文化，按《史记·五帝本纪》的记载，它最重要的意义，是中国先民从游牧进入初期农业的一个过渡时代的代表。

至于五帝的说法，在春秋时代（公元前 8 世纪—前 5 世纪）已经相当普

遍，到西汉的时候则已大致确定，是指黄帝、颛顼、帝喾、尧和舜，而且这五位也正式为史家有限度地承认。

◈ 尧舜禹汤：君王模范生

尧、舜是传说中两位中国古代的贤君。按《史记·五帝本纪》所述，尧是黄帝的玄孙，舜则是黄帝的八世孙，但他们却大致生活在同一个时代，相传是在夏朝以前的 170 多年之间（夏朝约在公元前 2070—前 1600 年）。

尧舜最为后世所称道的就是帝位的禅让。尧是一位仁慈宽大的君主，本着天下为公的精神，在确认舜的贤德之后，将国政交给了舜，这成为千古美谈。

此外，在尧的末年，洪水泛滥于全国，尧命鲧治水，鲧采取防堵的办法，历经 9 年治水无效而被处死。舜即位，命鲧的儿子禹继承治水的任务，这回禹采取了疏导的办法，率领大家和洪水辛苦搏斗了 13 年（也有 8 年之说）。在这期间禹一心治水，曾经三过家门而不入，最后终于成功，他也因此得到舜的赏识，被舜选为帝位的继承者，并在舜死后继位为君主。

据说在禹生前本来也已经选定益来做自己的继承者，但是当禹死后，人民都不拥戴益，而都拥戴禹的儿子启。启即位以后，不仅结束了之前禅让的做法，还建立了中国历史上第一个王朝夏朝。

夏朝一共持续了 400 多年，夏朝刚开始的大事是和有扈氏的战争，夏朝中叶则是和外族有穷氏的争斗。有穷氏的首领就是以善射著名的后羿。

史料显示，关于夏朝的记载一直到夏朝末年才丰富起来。夏朝的末代君主桀是一个暴君（"桀"这个字本身就有凶暴的意思），当时在夏境的东南，有一个强大部族存在，名叫商。后来，商的领袖成汤起兵推翻了夏朝，建立了商朝。

信史时代：
商朝刻甲骨占卜卜辞写成历史

　　商朝的历史一共 500 多年（约公元前 1600—前 1046 年），前半期由于缺乏考古实物，因此，有人认为这段历史还不能算是信史。所谓信史，意思就是必须"信而有征"（"征"有验证、证明之意），也就是说必须有考古实物，可以和古老的文献相互验证。不过，还是有若干地名可以从卜辞上得到证实。

　　卜辞是什么呢？这是近代在殷墟（今河南安阳市）出土的铜器、龟甲、兽骨上所刻的文字。学者研究以后，了解到这些文字都是商朝后期君主们占卜祈福的记录，所以称为卜辞。有学者把那些在卜辞上记载的若干商朝君王的名字，与西汉时期所写的商王系统两相对照，发现两者中间没有多大的差异，吻合度很高。

　　基本上，后人主要是根据甲骨文的研究结果得知有关商朝的历史的。

❖ 养动物献为牺牲

商朝甲骨文字，距今约有 3600 多年历史，是目前所考证出的中国最早的汉字，总数大约有 5000 个，已经被确认的大约有 1500 个，还有大约 3500 个字仍有待破解。从甲骨文的数量和结构方式来看，甲骨文已经是经过长时间发展、相当成熟的文字了。

根据考古实物以及学者研究甲骨文的结果，我们可知的有关商朝的知识除了 5 次迁都，还可以了解到以下许多重要的信息：

● 商朝以封建制度[1]为主干，国境内有许多诸侯，商王便是四方诸侯的共主。至于王位的继承，与夏朝"以子继父"的做法不同，商朝是以"兄终弟及"为原则。

● 商朝已步入农业社会，主要的经济活动就是务农，主要的食品是农产品，畜牧业仅占次要地位。同时，商朝人畜牧并不完全是为食用，主要是供给各种祭祀典礼做牺牲[2]。

✦ 文字的出现是人类文明发展到相当高程度的重要体现。2017 年，甲骨文成功入选《世界记忆名录》，凸显了其在人类文明发展史上的重要地位

1　此处的封建制度指分封制，诸侯是分封制的产物。——编者注

2　"牺牲"这一词，可做动词也可做名词，前者譬如"为国牺牲"，后者在古代专指祭祀或祭拜的用品。

● 随着农业的发展，商朝人建立了家族制度，中国后世的宗法制度几乎都是始于商朝末叶，到西周大致定型。

◈ 大小事求问吉凶

自然界的各种现象在商朝人的心目中都会被神化，所以在商朝人看来，不仅天地之间充满着无数的神祇，人与神之间也没有什么严明的限制，而且一个人死后，他的灵魂依然存在，所以需要子孙虔诚地膜拜。商朝人还相信神鬼操纵着整个人类的命运，因此他们只要一遇到什么困惑，就会借由占卜来得到神鬼的指示。

● 一般的民众大多是半穴居，只有王室的宗庙宫室才能建筑在地面之上。

● 已有舟车等工具，并可能会骑马，对外交通相当发达。

● 工艺水平相当高，已经能铸造铜锡合金的青铜器，包括礼器、兵器、用品、装饰品等等，技术之精巧以及种类之繁多，都可证明当时正是铜器工艺的极盛时代。而从雕刻品上的图案可以看出商朝人是席地而坐。

● 商朝的矿冶、天文学和历法都相当进步，已可推测月食，以 365¼ 日为一年，一年分为 12 个月，月有大小，大月 30 日，小月 29 日，也知道用闰[1]。同时，商朝人把四时与月相连，譬如将八月称为"秋八月"。记日则用天干地支（简称"干支"），从甲子到癸亥凡 60 日为一周，如此周而复始。

一直到现在，全世界只要是有华人的地方，都还可以看到干支被运用在历法、命名等方面，是中华文化中重要的一环。

1　地球公转一周的时间为 365 天 5 时 48 分 46 秒。阳历把每年定为 365 天，所余的时间约每四年积累一天，加在 2 月里，叫闰日。农历把一年定为 354 天或 355 天，所余的时间约每三年积累成一个月加在某一年里，叫闰月。有闰日或闰月的那一年叫闰年。这样的办法在历法上叫闰。——编者注

印度河流域文明

规划良好的大都市为什么消失？

雅利安人为了和达罗毗荼人保持隔离而推行的种姓制度，

是怎样的一种制度？

为什么到今天竟仍然存在于印度的社会中……

印度河：古文明的摇篮

印度河流域文明也是世界最古老的文明之一，晚于两河流域文明和尼罗河流域文明，但早于黄河流域文明的商朝。印度河在这个区域内扮演着非常重要的角色。

不过，我们首先必须厘清一个重要的概念，那就是在印度河流域文明这个词里的印度，并不仅仅指我们今天所说的印度这个国家，而是指整个被称为印度次大陆的半岛，所以范围很广，北自喜马拉雅山山脉，南至濒临印度洋的半岛尖端，幅员之广可以和欧洲相比拟。也就是说，从阿富汗山地边区向东一直到孟加拉湾。若以今天的国家来说，包括了印度、巴基斯坦、孟加拉国、尼泊尔和斯里兰卡。

印度河全长大约 3000 千米，发源于西藏的喜马拉雅山山脉，向西北流经西藏与克什米尔，然后再向西南流入巴基斯坦（印度半岛西北部），也就是旁遮普和信德一带，最后流入阿拉伯海。印度河在春天的时候经常会泛滥，但是不规律，而且一旦泛滥后水势往往会很大，有时还会改道。无论如何，经由印度河冲积而成的三角洲，成了古文明的摇篮。

◈ 完善的都市规划

　　早在公元前 4000 年左右，印度河流域就已经有了文化活动，而且还是比较发达的文化，被称为印度河流域文明、印度河文明或者是哈拉帕文明。但截至目前，关于印度河流域的文明究竟是如何开始的，专家学者们都还不是很清楚，只能确定公元前 2300 年—前 1750 年之间是它的极盛时期。

　　这样重要的信息当然是来自考古的发现。1921 年，考古学者首次在旁遮普发现了一座名为哈拉帕的古城遗址，1922 年又在信德境内印度河畔发现了另一座古城，名为摩亨佐·达罗。这两座古城的遗址都在今天巴基斯坦境内。

　　之后，考古学者又陆续在靠近阿拉伯海岸、西姆拉山山麓、坎贝湾、亚穆纳河盆地等处发现了属于印度河流域文明的遗迹，因此可以确定印度河流域文明分布的范围很大，比稍早的尼罗河流域文明、两河流域文明都要广。

　　接下来，我们不妨就以哈拉帕和摩亨佐·达罗这两座古城的遗址，来看看当时文明发展的程度。考古学者估计，哈拉帕和摩亨佐·达罗当年的人口应该都在 4 万人以上，算是规模相当庞大的城市。从遗址看来，这两座古城

✦ 摩亨佐·达罗遗址因其见证了早期城市规划的雏形，被联合国教科文组织世界遗产委员会批准作为文化遗产列入《世界遗产名录》

的城市规划都相当好，布局都是呈几何形，在城市的中心位置都有一个人工堆成的土墩，学者推测应该是城市的中心。街道和房屋都很整齐，建筑物都是用土砖来建造。整个城市除了市政建筑、神庙、市场、民宅、谷仓、水塔和大浴池等之外，还很注意卫生系统的设计，包括加了盖板的排水系统，以及用来倒垃圾的斜槽。每座民宅都有一个院子，有几个房间，还有一间厕所和一口水井……凡此种种，都显示当年建造城市是一项有组织和有计划的行为，也就是说当时的社会必然已经有了相当程度的公权力。

此外，考古学者还从这两座古城的遗址中挖掘出大量的石器、青铜器、印章和农作物的遗迹，可以看出当时已进入到农业社会，在工艺方面也有一定的水平。他们种植棉花、大麦、小麦、瓜和椰枣，懂得驯养水牛和大象来帮忙农耕，还会用陶轮来制作陶器，这在当时可是一项崭新的技术。

还有两个方面也很值得一提。

●考古学者从出土的泥板和大量的印章上面发现了一些文字，而且是已经脱离图绘阶段的文字（这些印章大多为方形，也有类似两河流域的圆柱形），但这些文字不仅与现代印度梵语毫无关联，就是拿来与印度过去的文字系统两相对照，也找不到丝毫的相似性。因此，直到今天，尽管距离哈拉帕与摩亨佐·达罗两座古城被发现都已经将近一个世纪了，却由于缺乏解读的线索，这些神秘的文字仍然没能被破解。

●遗址中发现了许多秤和码，说明当时已经有一套相当成熟的度量衡制度，商业贸易想必也相当繁荣。考古学者们推测，当时印度河流域的人们应该与两河流域、中国[1]还有今天的阿富汗、缅甸等地都有商业往来。

1　从先秦至隋朝这段时间，书籍中记载的"身毒"就是指印度，指的就是印度河流域一带。到了唐初统称为天竺。所以在唐朝贞观元年（627 年），25 岁的玄奘（602—664 年）在请求西行求法被拒之后，才在史书上留下"冒越宪章，私往天竺"这样的记载。后来玄奘长途跋涉 5 万余里才终于到达目的地。

雅利安人驱赶达罗毗荼人

大约在公元前 1500 年，雅利安人入侵印度。后来雅利安人发展出来的文字叫作梵文。在梵文中，雅利安是贵族的意思。

由于雅利安人属于印欧语系[1]，所以又称为印度雅利安人。他们身材高大，皮肤白皙，眼睛碧绿，外表上一眼看上去，就与那些原本生活在印度、皮肤黝黑的达罗毗荼人有显著的不同。

印欧民族的渊源不详，在公元前 3000 年甚至更早时，可能是生活在黑海以北的草原地带，随着他们四处扩散，之后又形成很多不同的语言。雅利安人本属游牧民族，从中亚细亚大平原经由兴都库什山脉进入印度，造成很大的动乱。原本达罗毗荼人已经有了自己的文字、城市和商业活动等，可是雅利安人一来，达罗毗荼人就被赶到了印度的南部，直到今天，达罗毗荼人都仍然生活在那里。

1　使用印欧语系的人们遍布于印度和欧洲。

一开始，雅利安人集中在旁遮普一带，因为这里不仅有河流，雨水也比较充沛，又有充足的草料，很适合游牧民族的特质，但后来他们的活动范围就逐渐改以恒河流域为主。

雅利安人虽然并未真正征服过印度南部，但他们不断地扩张，特别是从公元前 800 年左右，在铁器技术传入之后，他们的扩张更加迅速，随后便建立了一些邦国或部落，每一个邦国或部落都有自己的国王，也有公民大会。在这些邦国之中，有的是单一部落，也有的是由好几个部落联合而组成，这样的邦国往往没有国王，而被称为共和国。

在所有邦国之中，位于恒河下游的摩揭陀后来在古印度史上的分量非比寻常。摩揭陀的首都是王舍城（位于今天印度东北部比哈尔邦的南部），因为控制了重要的贸易路线和铁矿，而占有极大的发展优势，从公元前 7 世纪中叶开始就积极向外扩张领土，在公元前 6 世纪至 4 世纪时颇为强大。

尽管到了公元前 326 年，马其顿的亚历山大大帝渡过印度河，征服了印度西北部，曾经使得摩揭陀王国遭到严重的打击，但后来旃陀罗笈多还是取得了摩揭陀的王位，建立了孔雀王朝[1]（约公元前 324—前 187 年），这是古印度有史以来第一个大规模的帝国，也是第一个大致统一了印度的政权。

❖ 阿育王放下屠刀宣扬佛法

旃陀罗笈多的孙子就是大名鼎鼎的阿育王（公元前 303—前 232 年），是古印度历史上最重要的一位君主。他早年十分好战，甚至可以说是酷爱杀戮，曾经统一了整个南亚次大陆和今天阿富汗的一部分地区。他统治的时期

1　由于旃陀罗笈多出生于一个饲养孔雀的家族，因此他所创建的王朝就被叫作孔雀王朝。

是古印度史上空前强盛的时代。不过，赫赫军功并不是阿育王名垂千史的原因，阿育王后来之所以会被认为"影响力居古印度帝王之首"，是因为他在晚年放下屠刀，笃信佛教，宣称征服不应该靠战争，而应该靠佛法，并积极普及佛教。当年在阿育王即位的时候，佛教还只是印度西北部一个影响很小的宗教，可是在他过世的时候，佛教已经不仅传遍了整个印度，还传播到邻国一些地区。正是由于对传播佛教所做出的种种努力，阿育王对整个世界都产生了广泛的影响。

最后要说的是，古印度文明最鲜明的特点虽然是宗教和哲学，但在科学上也有不少成就。最突出的就是数学。他们采用十进制法，有了"零"的概念，已经能计算相当大的数字，知道如何求平方和立方根。在天文学方面，他们已经知道地球是以自身的地轴在旋转。在医学上，他们对于胚胎是如何成长，以及人体解剖也都已经有所了解。这些都是相当不易的成就。

✦ 印度的国徽来源于孔雀王朝阿育王石柱顶端的石刻，圆形台基上站立着四个守卫四方的守兽：东方是象，南方是马，西方是牛，北方是狮

阶级森严的种姓制度

从公元前 1500 年左右，雅利安人入侵印度，一直到公元前 600 年左右，这段大约 900 年的岁月，一般被称为吠陀时代。就在吠陀时代后期，大约公元前 500 年，种姓制度已发展得非常成熟，并且严密地渗透到社会中的各个层面，成为一种牢不可破的社会体系。

什么叫种姓制度？要回答这个问题，我们还是要回头从雅利安人入侵印度开始说起。

还记得我们在上一节中曾经提到过雅利安人本来是属于游牧民族吧？但是在入侵印度并且把达罗毗荼人赶到印度南部之后，雅利安人还是吸收了达罗毗荼人的文化，渐渐转为定居的农业生活。与此同时，雅利安人为了保持血统上的"纯洁"，并且为了与那些被他们征服且被他们所役使的人们保持距离，"阶级森严的种姓制度"遂应运而生，他们将人民分成四个阶级。

讲到这里，我们得暂停一会儿，先介绍一下雅利安人的宗教信仰。雅利安人所信仰的婆罗门教，是印度教的早期形态，一直到现在都还有很多人会将这两者混称。在他们的信仰中，地位最高的神称为梵天，这是创造万物之神。另外还有两位很重要的神，分别是毗湿奴和湿婆，前者负责保护宇宙，是善与慈的化身；后者则比较复杂，一方面代表破坏的力量，但另一方面也是丰饶、舞蹈、艺术和重生之神。有时这三位尊神又会合为一体，就是所谓的"一体三形"，这就是至尊至上的神。

在梵天、毗湿奴和湿婆三位尊神当中，梵天代表一种平衡的力量，毗湿奴和湿婆则是代表着相反的力量，但一般民众都比较崇拜湿婆和他的妻子雪山神女，长久以来牛在印度被视为圣兽，主要就是因为它是湿婆的坐骑，再加上印度人相信在妇女懂得哺育宝宝之前，母牛就已经会用它们的乳汁来哺育人类。

✦ 现藏于大英博物馆的湿婆铜像。在印度
   教神话中，湿婆主毁灭，是毁灭之神，
   他的妻子是雪山神女帕尔瓦蒂女神

现在，我们来看看种姓制度将人分为哪四种。

第一个阶级也是最高的阶级，叫作婆罗门，主要是祭司和学者，他们代表神的头部。第二个阶级叫作刹帝利，主要是贵族、武士，他们代表神的双手。第三个阶级叫作吠舍，主要是农夫和工商业者，他们代表神的双足。以上这三个阶级都是雅利安人的专利，必须是雅利安人才有资格被纳入。第四个阶级叫作首陀罗，主要是贱民，也就是奴隶，他们代表神的排泄物。

不过，在这四种阶级之下，其实还有一种更低贱甚至低贱到没有阶级归属的群体，叫作"秽不可触者"，据说光是他们的影子就会污染一口井。

仅仅从前面三种阶级都是雅利安人这一点就足以表明，这种制度带着浓厚的种族区分性质，如此才能竭力保持雅利安人的纯洁。每一个阶级都是世袭，也就是说每一个人在刚刚出生的那一刻，他（或她）这一辈子的社会地位就已经被决定了，且终生都无法靠任何人为的努力去改变。

唯一比较例外的时期，是后来有些雅利安邦国或是部落为了征战、抢夺资源，会联合原本完全属于第四阶级首陀罗的部落或是地方势力，这么一来，等到战后论功行赏，原本首陀罗部落里的种姓就会获得提升，有机会成为婆罗门、刹帝利和吠舍等三个阶级。

在人民生活的各个方面，各个阶级之间当然也都必须保持严格的界限，不仅所能从事的职业不同，而且平时也不能交往，更绝对不能通婚（这就叫作内婚制），万一真的有不同种姓的男女通婚，他们所生的子女就会是社会上最受鄙视的"秽不可触者"。

接下来，我们再来进一步看看这几个阶级的人如何分工完成社会的运作。

最高阶级婆罗门掌握神权与占卜，负责文化教育工作，以及指导农耕。

✦ 18世纪的绘图，毗湿奴和吉祥天女坐卧在巨蛇身上，从毗湿奴肚脐生长出来的莲花诞生了梵天

他们也不断教育人民，只要能够做到循规蹈矩、安分守己，来世便有机会成为较高的种姓，反之则会降为更低的种姓。第二阶级刹帝利，包括国王以及其下的各级官吏，掌握除了神权以外的其他一切权力。婆罗门和刹帝利这两个阶级，是古印度社会中的统治阶层，既不需要劳动，还是最富有的阶级。

第三个阶级吠舍是一般的劳动者，也就是社会的中下阶层，必须向国家缴纳赋税。第四个阶级首陀罗只能住在村外，并且只能从事很卑微的职业，譬如抬死尸、打扫粪便等。首陀罗走在路上还必须佩戴特殊的标记，嘴里还要一直发出特殊的声音，或是敲击某种器物，为的是提醒高级种姓的人能够及时避开。尤其如果是最高阶级婆罗门不小心接触到了首陀罗这些贱民，会被视为一件非常倒霉的事，回去以后得赶快举行净身仪式。

为了维护种姓制度，处于统治阶层的贵族还制定了很多法律，其中最为典型的就是《摩奴法典》。每个种姓都有自己的机构，来处理有关自身种姓内部的事务，因为种姓制度在四个阶级的框架之下，其实又分得很细，据说光是最高阶级婆罗门就有 1800 种区分，而整个社会全部的种姓区分则超过3000 种。

不少学者都认为，由于阶级森严的种姓制度采取世袭制，普通的劳动者都只能逆来顺受，遵守贵族阶级所定下的种种规矩，唯恐加重来生的灾难。这么一来，不仅造成社会上贫富分化，而且把劳动（生产活动）限制在一个狭小的范围之内，所造成的结果自然就是阻碍了社会经济的发展，这是造成印度社会发展比较迟缓的重要原因之一。

婆罗门，主要包括祭司和学者

刹帝利，主要包括贵族和武士

吠舍，主要包括农夫和工商业者

首陀罗，主要由被征服的居民组成

秽不可触者，也就是贱民，在社会上遭到歧视和凌辱

◆ 在种姓制度下，每一个印度人与生俱来地从属于他所在家族的种姓，他的日常生活无不受其所属种姓的影响和约束

◈ 四次制度改革

自古以来，印度至少经历过四次改革种姓制度的时期。最早是以佛教与耆那教（印度传统宗教之一）为首，这两个宗教都主张众生平等，其实可以说，它们一开始就是为了反对种姓制度而创立的宗教。第二个时期，是一些信仰伊斯兰教的外来征服者到来，而在这些征服者的统治之下，自然在一定程度上瓦解了种姓制度，特别是大量低阶层种姓的人民，突然找到一个可以改变命运的方式，那就是赶快改信伊斯兰教！进入现代以后，在印度成为英国殖民地时期，英国人带来的西方平权思想，也在很大程度上冲击了种姓制度，这是改革种姓制度第三个重要的时期。最后第四个时期则是在1947年印度宣布独立以后，种姓制度的法律地位被正式废除，从此严禁各种种姓分类与歧视，否则一律视为违法。

然而，时至今日，在印度实际的社会运作与老百姓的生活当中，还是不时可以看到古老的种姓制度的影子。

第六章

其他重要文明

人类生活的轨迹从大河流域逐渐向内海推进，

除了尼罗河、两河、黄河、印度河等流域所形成的古文明，

还有四个重要的古文明也各自壮大、互相征战。

以克里特岛为基地的爱琴文明为希腊文明奠基，

地中海东岸的腓尼基人纵横贸易，传播字母文字，

希伯来人四处迁徙，

心心念念要找到能够适合的定居点，

波斯帝国最终在居鲁士大帝的统治下，

成为古埃及和两河流域地区古文明最后的辉煌帝国。

爱琴文明的惊人发现

纵观整个人类的文明史都是从大河流域慢慢向内海推进，这表示人类活动的范围有了进一步的扩展。

在西方，古希腊和古罗马文明（也就是一般所说的地中海文明）属于内海文明，但是直到 19 世纪下半叶，世人才恍然得知，原来在古希腊和古罗马文明之前，还有一个更早的爱琴文明，而且爱琴文明可以说是希腊文化的先驱，其重要性不言而喻。

所谓爱琴文明，是指爱琴海地区的青铜文明，以克里特岛和希腊地区的迈锡尼为核心，所以又称为克里特—迈锡尼文明。

爱琴海位于希腊半岛和小亚细亚之间，属于地中海的一部分，南抵克里特岛，是希腊半岛东部一个蓝色系海洋。这片美丽的海洋为什么会被命名为爱琴？有一个故事是这么说的——爱琴原本源自一位雅典国王的名字。

传说在很久以前，由于克里特岛出现了一头魔牛，专吃人类，令雅典国王埃勾斯伤透了脑筋。一天，忒修斯王子自告奋勇要去克里特岛除掉这个祸害，国王虽然不愿让爱子去冒险，但魔牛一日不除，百姓便惶惶不可终日，身为国王，确实也有责任保障百姓的安全，于是，只得勉为其难地答应了。

忒修斯王子知道打从自己出发，父亲必然会日日夜夜挂念着自己的安全，所以，为了尽快向父亲报讯，忒修斯王子遂与父亲相约，当船只返航的时候，只要看到桅杆上竖着白旗，就表示自己已经圆满达成任务，平安归来。

忒修斯王子一行人走后，埃勾斯国王便天天在海边向着海平面眺望，渴望早日见到儿子。他就这样等呀等，然而当船只终于出现的时候，国王却赫然发现桅杆上并没有白旗！国王非常伤心，绝望之余便纵身往海里一跳，追随爱子而去。

可实际上这是一个阴错阳差的误会。原来，忒修斯王子不仅顺利除掉了那头魔牛，还迎娶了米诺斯公主，只是在返航途中，因为米诺斯公主不幸病故，王子在悲痛之余，完全忘记了要把白旗竖在桅杆上尽快向老父报平安这件事。后来，希腊人为了纪念埃勾斯国王，便把这片海洋命名为爱琴海。

◈ 施里曼坚持寻找古城

前面一开始我们就已经说过，爱琴文明被发现得很晚。爱琴文明的发现颇富戏剧性，主要归功于一位德国人施里曼（1822—1890年）。施里曼的一生相当传奇。他从小家境贫寒，14岁便不得不辍学去杂货铺当学徒。不过，尽管中断了学业，少年施里曼还是很喜欢读书，尤其热爱荷马著名的史诗《伊利亚特》。长久以来，《伊利亚特》都被视为一部杰出的文学作品，没有人去追问荷马在里面所描述的特洛伊战争到底是真是假，可是年少的施里曼读着读着却总是会忍不住想，没准儿荷马所讲述的这些动人心弦的故事都是真实发生过的呢！于是就悄悄立下一个心愿，将来只要自己有能力，一定要去小亚细亚寻找特洛伊古城！

关于荷马的介绍，请参考第八章第三节。

后来，施里曼一边经商致富，一边勤奋自学，在母语之外，经过不断努力，竟然还掌握了英语、法语、拉丁语、葡萄牙语等18种语言。1870年，48岁的施里曼出资雇工在达达尼尔海峡附近、土耳其境内的希沙里克山丘开始进行考古挖掘。经过3年的努力，终于在一座地下古建筑物的围墙附近挖掘出大量珍贵的金银材质器皿，其中一顶金冕就由16000多片金片和金箔组成。施里曼既兴奋又骄傲地向世人宣布，他发现了特洛伊国王普里阿姆的宝藏！这证明《伊利亚特》里的故事并非出于荷马的虚构，都是真的！这位超级书迷就这样完成了自己年少时的梦想。1876年，施里曼再接再厉又找到了迈锡尼的古老墓葬，因而发掘出迈锡尼文明。迈锡尼是特洛伊战争中希腊联军首领阿伽门农的故土。

继施里曼之后，不少考古学者纷纷来到这里进行挖掘。经过众多考古学者将近一个世纪的努力，再加上20世纪50年代以后学者们对爱琴文字渐渐

✦ 发现了克里特文明的施里曼被尊称为"西方考古学之父"，他证实了特洛伊和迈锡尼的真实存在，揭开了希腊远古历史的重要篇章

有所了解，终于使大家对爱琴文明有了一定的认识。

后来考古学者才知道施里曼所挖掘到的特洛伊古城，原来在同一个地点竟然有九层遗址上下叠置，这些遗址代表着从新石器时期一直到罗马时期先后兴废的九座城镇，足见爱琴文明之古老。1894 年，施里曼的助手认为，其实第六层才是当年爆发特洛伊战争时普里阿姆国王的城市，而原先施里曼以为的"普里阿姆的宝藏"，实际上是在从底层往上数的第二层，年代比特洛伊战争还要久远得多。

◈ 爱琴文化交流频繁

爱琴文明分布的区域，大体上包括克里特岛、希腊半岛、小亚细亚西岸一带，以及爱琴海中大大小小的岛屿。学者推测，爱琴文明可能最初发源于克里特岛，慢慢再传播至爱琴海各岛屿。这个区域全境多山，可用来作为耕地的面积非常有限，一旦开始有了文明，这就促使当地人们在人口逐渐增加之后，必须在农业之外，另外想办法找到其他的谋生之道。因此，有的从事渔业，有的航海经商，有的则发展手工业，制作产品外销。

基本上，虽然爱琴文明的原始渊源应该也是古埃及和两河流域地区的新石器文化，但在整个爱琴文明的演进过程当中，克里特岛受埃及文明的影响还是最为明显的，这尤其表现在工艺制作方面。这很可能是出于地缘关系，因为就地理位置来看，在地中海这块海域上，克里特岛刚好就处于埃及和爱琴海的中间位置。

两河流域文明应该也对爱琴文明有所影响，这个判断的主要依据是爱琴人以泥板做书。只可惜，尽管考古学家们在克里特岛上发现了大量的泥板文字，但在 1952 年以前始终无法破解，后来即使大致能够弄清楚了，也只能

✦ 公元前 13 世纪迈锡尼地区的陶制棺材

✦ 爱琴文明的工艺品，系在腰间以保护腹部的铜片

确定爱琴文字先后有过三种系统，一种是象形文字，另外两种是线形文字，其中较晚的一种线形文字，显然已包含了会意和表音的符号，并开始掺入了印欧语系的元素。此外，这些文字因为都是一些简短的记录，看上去多数属于商品标识、账册目录之类，考古学者无法判断爱琴人是否有过哲学和文学方面的著作。

◈ **爱琴社会讲究平等**

根据珍贵的考古发现，我们可以得知不少关于爱琴人如何生活的信息。

● 爱琴社会虽然也是阶级社会，也存在奴隶，但无论是阶级地位还是物质生活之间的差异，都不像古埃及和两河流域地区古文明社会那么悬殊，所以即使是在贫民区，房舍的建筑也都相当坚固且宽敞。

● 国君是全国最大的企业家和地主。工商业相当繁荣，但受到国家颇为严密的管理。

● 建造建筑主要是出于实用的目的，即使是王宫，哪怕里面的结构多么复杂，宫室数量又是多么庞大，外观也并不张扬，甚至还相当平凡。

● 手工业相当发达，能制作相当精美的陶器、金属制品和织物。陶器主要是用以外销，或是作为盛装橄榄油的容器。手工业的生产方式和近代工厂极为类似，比如他们会把工人集中起来从事大量生产。

● 从一般住宅也常有书写的泥板这一点看来，表明当时社会上识字相当普遍。

● 妇女享有与男子完全平等的社会地位，这在古埃及和两河流域地区古文明社会是非常少见的。妇女可以参加各类社会活动，从事各种职业，甚至是斗牛和角力。不过，古爱琴社会的斗牛，类似后世马戏团，不是为了杀戮。

● 爱琴文明与古埃及和两河流域地区的大河古文明最大的差异，应该是在于自然和自由的风格非常明显，注重现世，没有什么天堂和地狱的观念，因此整体社会风气是相当轻松和欢快的，娱乐活动繁多，除了斗牛和角力，还有舞蹈、赛跑、博弈等，几乎是无所不包。

● 古爱琴人崇拜大海女神，大海女神象征繁殖，既是生命之源，也是宇宙的统治者。在爱琴人的艺术表现中，大海女神经常以一种穿着时尚的美丽少女的形象出现，这或许和当时上流社会的妇女喜欢装饰、花样也很丰富有关。基本上，古爱琴人的宗教信仰大多是出于自然崇拜。

● 在所有关于古爱琴文明的考古实物中，最能体现古爱琴人精神层面最高成就的是美术，包括浮雕、小型雕像、器皿和刀剑装饰以及壁画。最精美的壁画在克里特岛的克诺索斯宫，题材和许多雕刻一样，大多表现一些日常的赏心乐事。

说起来，找到克诺索斯宫本是那位传奇考古学家施里曼的最后愿望。施里曼在晚年时曾经表示过，希望能够以这件伟大的工作来结束自己一生的劳动，遗憾的是他还没来得及完成这一桩心愿便去世了，享年68岁。

古波斯帝国横贯欧亚非

　　古波斯帝国兴起于西亚，属于印欧民族。在很多后世史家看来，持续数百年的古波斯帝国虽疆域广阔，但对整个人类文明的推进却显然不如罗马帝国、大英帝国和中国。然而古波斯帝国的存在，或者应该说古波斯帝国的缔造者居鲁士大帝（约公元前 590—前 529 年），却成为世界历史上一个非常重要的转折点。

　　在此之前出现的苏美尔文明，是目前公认的人类最早文明之一，因此，在接下来的长达 20 几个世纪漫长的时间里，美索不达米亚始终是世界上最富裕同时也是文化最发达的地区。直到波斯帝国崛起，才改变了这一悠久的古代世界格局。从那时候开始，美索不达米亚和埃及无论是在政治还是在文化上，都不再是世界的中心了。

　　而后来波斯帝国与希腊的碰撞，也是影响人类历史走向的重大事件。在这样的碰撞中，随着希腊人最后取得了胜利而波斯人败下阵来，在古代世界，也就意味着地中海文明即欧洲希腊罗马文明取代了古埃及和两河流域文明，意义重大。无怪乎很多学者都说，古波斯帝国是古埃及和两河流域文明的最后辉煌（由于我们这套书基本上是以时间为主轴，所以关于波斯和希腊之间的希波战争，我们会在《少年爱读世界史2》中再作详细的介绍）。

　　在开始讲述居鲁士大帝的故事之前，我们还是应该先花一点功夫，把波斯这个词稍微解释一下。

　　波斯源自希腊文里面的"波西斯"。当时希腊人把现在伊朗的高原地区和阿富汗的部分地区称为波西斯，而波斯人则把同样的地方称为"雅利安人的土地"（Land of the Aryans），并由此衍生出"伊朗"（Iran）一词。后来这块地域便一直交互使用"波西斯"和"伊朗"这两个词，直到1935年以后，才正式定名为伊朗。

🎋 居鲁士以宽容统治帝国

　　现在，我们可以开始来认识这位影响了世界历史的居鲁士大帝了。

　　大约在公元前590年，居鲁士出生于今天伊朗西南部的法尔斯，法尔斯当时是属于米底国的一省，也算是一个地方部落。

　　其实从公元前7世纪开始，即使名义上是在米底国的统治之下，但这个部落在国王阿基曼尼斯的领导之下，已经逐渐强大起来。居鲁士便是阿基曼尼斯国王的后裔。

关于居鲁士早年的经历，后世了解有限，只知道他在 32 岁左右（公元前 558 年）继承了父亲的王位成为波斯的国王，此时波斯仍然是米底国的属国。居鲁士继位 3 年之后，举兵反抗米底国，经过 3 年的战争终于成功推翻了米底国。

由于米底和波斯无论是在语言还是在血统上本来就相当接近，再加上居鲁士保留了米底国原有的行政制度和大部分的法律，所以在后世史学家看来，居鲁士打败米底国不像是一个外来的征服者，而像是中国历史的朝代更迭，有着"只是取而代之"的浓厚色彩。

接着，居鲁士把目光瞄向了位于小亚细亚的吕底亚国。吕底亚国的国王传说是一位巨富。在公元前 546 年，44 岁左右的居鲁士率军征服了吕底亚国。

下一步，居鲁士把目光转往东边。经过一系列的征战，居鲁士彻底收服了伊朗的东部，把东部全都纳入波斯帝国的版图之中。到了公元前 540 年，波斯帝国已经向东扩展到印度河。

✦居鲁士大帝是西方历史上第一位以"大帝"为称号的国王，被现代伊朗人尊称为"伊朗国父"

这还不够。或许是接连尝到了胜利的果实，居鲁士的野心愈来愈大，开始把注意力投向了新巴比伦王国。此时新巴比伦王国以美索不达米亚为中心，统治着中东最富饶的地区。

居鲁士出兵的时机对他来说非常有利。当时新巴比伦王国的国王很不受臣民爱戴，没人愿意为国王送死，所以当居鲁士的大军一到，新巴比伦王国的士兵根本无心恋战。于是在公元前 539 年，居鲁士几乎没费什么力气，就轻松征服了新巴比伦王国，并占领了叙利亚和巴勒斯坦。这一年，居鲁士 51岁左右。

就这样，居鲁士以伊朗南部一个小王国起家，花了十几年的时间，陆续打败了米底、吕底亚和新巴比伦三个王国，统一了大部分的古中东，建立起一个从印度到地中海、相当庞大的波斯帝国。

居鲁士对世界历史的影响，并不仅仅是像我们在这一节一开始所说的"改变了当时世界的格局"，还包括由于他的统治风格很温和，每征服一个地方之后，对当地的宗教民俗都采取非常宽容的政策，与一般征服者的凌厉作风大相径庭，这在无意之中就改写了某些民族的命运。

最典型的例子，就是对犹太民族深远的影响。

早在公元前 586 年，当新巴比伦王国征服了犹太王国之后，犹太王国的首都耶路撒冷[1]的人——从国王、贵族到普通老百姓全部被俘，然后大部分被强迫迁至新巴比伦王国的都城巴比伦，史称"巴比伦之囚"。可是等到近半个世纪之后，当居鲁士征服了新巴比伦王国时，他非常宽大地允许犹太人重

---

1 耶路撒冷这座历史悠久的古城，目前同时是以色列和巴勒斯坦的首都（当然双方对此都有争议）。"哭墙"是耶路撒冷著名的景点之一，这段由大石块筑成的古墙，看起来饱经沧桑，长约 50 米，高约 18 米（相当于现代民宅 6 层楼高），是当年犹太王国第二圣殿护墙仅存的遗址。由于千百年来流落在世界各地的犹太人每当回到耶路撒冷时，都会来到这道古老的石墙面前低声祷告，哭诉流亡之苦，所以名之为"哭墙"。

✦ 收藏于纽约犹太博物馆的《巴比伦之囚》绘画

✦ 雕刻有居鲁士释放巴比伦之囚情景的银牌（制于 17 世纪）

返家园。可以说，如果不是居鲁士，犹太民族很可能早就消失在历史的长河之中了。居鲁士的仁慈和宽大，就算是那些被他征服的民族也都情不自禁地对他赞颂不已。

居鲁士死后，波斯帝国的版图仍继续扩大，扩张持续了将近 200 年，并且在这不算短的岁月当中，波斯国内一直保持着和平与繁荣，这与居鲁士在建立帝国之初所打下的坚实基础不无关系。

伊朗先知提善恶二元论

波斯文明明显受到埃及、美索不达米亚、巴勒斯坦文明等的影响。波斯文字原为楔形文字，后来才采用 39 个字母。整体来说，波斯文明表现最为突出的是建筑和宗教。

波斯建筑不是为了要荣耀神，而是为了要荣耀伟大的君主，所以最出色的建筑不是神庙，而是王宫。他们喜欢采用厚墙和圆柱，呈现出一种宏伟之感。建筑上的石刻和浮雕也都令人赞叹。

至于宗教，波斯的琐罗亚斯德教（又称祆教[1]）自创建以来，延续了2000 多年，直到现在都还有信徒。因为历史悠久，所以，若纵贯历史整个计算起来，琐罗亚斯德教教徒数量的总和还是非常惊人的。同时，尽管琐罗亚斯德教只是地区性的宗教，不是世界性的宗教，以重要性来说，自然不能与基督教、佛教、伊斯兰教相提并论，但实际上它的许多神学思想却深深影响了其他的宗教，譬如犹太教、基督教和摩尼教。琐罗亚斯德教的创始人琐

1　祆教在公元五六世纪南北朝时期传入中国，一直到唐朝都流行不绝，在敦煌、长安、洛阳等地都有祆祠，供奉火祆。

罗亚斯德（公元前 628—前 551 年）是该教"圣经"《波斯古经》中"迦泰"篇章的作者，被誉为伊朗先知。他和居鲁士大帝一样，也称得上是一位改变了世界历史的人。

我们不妨来看看琐罗亚斯德有哪些特殊的神学思想。

首先，他认为世上只有一位真主，他称之为阿胡拉·玛兹达，是善之神，代表着光明、真理和正义。然而与此同时，琐罗亚斯德也相信世间还会有一个恶神存在，叫作阿里曼，阿里曼制造所有的黑暗和罪恶。长久以来，善神和恶神在宇宙间进行了无休无止、永不间断的斗争，在现实世界中，我们每个人都可以选择到底是要站在善神这一边，还是恶神那一边，等于也直接参与了善神和恶神之间的争斗。

这种"善恶二元"的观念，在过去是从来不曾出现过的。令人欣慰的是，尽管善神和恶神双方始终势均力敌，但琐罗亚斯德教的教徒们都相信，就长远的眼光来看，善神终究还是会成为最后的胜利者。

也就是说，琐罗亚斯德教带有强烈的道德劝说的目的，深信善有善报、恶有恶报，每个人都有自由意志来决定究竟是要为善还是为恶，而在最后审判到来之时，也都将因为自己一生的善恶得到应有的处置。这就是所谓"强调世界终局"的思想，意思就是说，相信世界将会有一个最终的结局。

琐罗亚斯德教在汉语中经常被称为拜火教，这可能是因为他们的宗教仪式经常围绕着对火的尊敬有关，比如在庙里经常会点燃圣火。

最后，古波斯帝国至少还有一个特点，也对西方文明产生了深远的影响，那就是他们神权的帝国制度。这种统治制度为亚历山大大帝和后继的希腊化王国君主所效法，并由此传衍于罗马帝国。

腓尼基文明：建立临海城邦

在西方古代史中，地中海东岸分为三个区域，南部为巴勒斯坦，是希伯来文明的发祥地；北部沿海一带为腓尼基；腓尼基以东为叙利亚，属于腓尼基和阿拉美人之地。不过，叙利亚这个词是从古希腊史学家希罗多德开始使用的，它也常常被用来泛称地中海东岸的全部区域。

还记得我们在第三章第一节中提到过的那个"肥沃月湾"吗？地中海东岸就位于肥沃月湾的西端。关于西亚的远古文明，历来一直有不少学者认为来自于两河流域，是从两河流域西北方向绕过阿拉伯沙漠的北端，再转而改向西南方向前进，然后一直到达地中海东岸一带。

在这一节中，我们就要来认识一下腓尼基文明与希伯来文明。

◈ 传播字母文字

腓尼基人的政治形态属于城邦制。他们在包含黎巴嫩山脉以西的这条狭长海岸地带建立了若干城邦，其中最重要的当属提尔。在腓尼基城邦两三百年的黄金时期当中（公元前 11 世纪至前 8 世纪中叶），提尔的国势达到鼎盛。不过，这主要是拜外部周遭环境变迁之赐。当时埃及的帝国势力已经衰落，爱琴遭到希腊人的入侵，而亚述帝国的势力又还未成气候。后来当亚述帝国崛起时，包括提尔在内的腓尼基城邦就都沦为亚述帝国的附庸了。

其实早在成为亚述帝国的附庸之前，腓尼基城邦在历史上从未成为过什么强大的政治势力，反而连续被埃及人、苏美尔人等征服，最后在公元前 64 年被并入罗马帝国的叙利亚行省。腓尼基城邦的强项不是政治和军事，而是经济和文化。

究其原因，显然有其地缘因素。腓尼基城邦不仅拥有良好的港湾，又介于尼罗河流域和两河流域两大古文明之间，这使得他们先天就成为古埃及和两河流域特别有利于商业发展的区域。学者推测，就连腓尼基城邦对于人类文明的不朽贡献——关于字母文字的创造和传播，很可能最初也是基于商业上的需要。

字母符号虽然最早是见于古埃及和两河流域的文字，但无论是古埃及还是两河流域都没再进一步地发展，直到腓尼基城邦从埃及人那里承袭了字母的原理，然后在公元前 14 世纪以前，就已经开始使用 22 个字音符号，才创

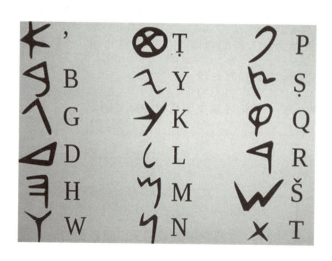

✦ 腓尼基人在古埃及人的象形文字与苏美尔人的楔形文字基础上，舍弃了这些文字的繁杂构造，终于发明出了 22 个简单并且便于书写的字母。腓尼基字母被认为是当今所有字母的祖先，希伯来字母、阿拉伯字母、希腊字母、拉丁字母等都可追溯到腓尼基字母

造了后世所知道的世界上最早的字母文字。学者推测，腓尼基人就是因为经济活动活跃，使得他们一方面精于工艺（包括玻璃、金属制品，以及一种从海产动物提制而成的特殊染料等），另一方面也极善于将他们的商品销售出去，于是，基于在商业往来上经常要与异乡人沟通和接触的实际需求，腓尼基人才会特别需要有这么一种简单确定的符号，来作表达和记录。

◈ 海事技术发达

腓尼基人是古代地中海世界继爱琴人之后的大航海经商者。希腊人虽然也长于海上贸易，但他们航海经商的发达是在腓尼基人之后。腓尼基人的航海活动遍及整个地中海，还在北非、西班牙半岛南部、塞浦路斯以及其他地中海岛屿广建殖民地。他们的航海知识和技术都相当进步，北极星在古代甚至曾经被称作"腓尼基人之星"，可见夜晚在大海上航行对腓尼基人来说也不是什么难事，于是，当腓尼基人创造出字母文字之后，经由海上经商自然而然便将这种相当好用的字母文字广为传播，终为古埃及、两河流域和地中海世界所普遍接受，不仅成为古希腊人和阿拉伯人字母文字的共同渊源，进而也成为近代所有欧洲的、希伯来的很可能还包括印度在内的字母文字共同的远祖。也就是说，腓尼基城邦对古代世界文化的提升与交流有着非常重大的贡献。这也是他们为人类文明所做出的了不起的成就。

不过，不只是腓尼基人借由海上的商业活动来传播他们所创造出来的字母，居住在黎巴嫩以东的叙利亚沙漠的阿拉美人，也不断在陆地上传播着腓尼基人的字母，这一点我们也不能忽略。

阿拉美人和腓尼基人一样，在历史上屡遭来自尼罗河流域、小亚细亚和两河流域强大邻邦的征服，但他们也曾数度入侵两河流域，在公元前 10 世

✦ 腓尼基人是声名远播的冒险家，罗马帝国之前的地中海霸主。图为公元前 4 世纪腓尼基的商船。从公元前 1500 年到公元前 332 年，腓尼基作为海上贸易中心和制造业中心逐渐繁荣起来，在造船、玻璃制造、染料生产和奢侈品制造方面的技术水平高超

纪一次入侵两河流域的行动中，有的部族后来就留在当地，渐渐成为两河流域人口的主要成员之一。公元前 7 世纪末倾覆亚述帝国的迦勒底人，就是阿拉美人的后裔（我们在第三章"攻伐不断的两河文明"中曾经提到过迦勒底人）。

为什么说阿拉美人对于传播腓尼基人的字母也发挥了很大的作用呢？这是因为阿拉美人是古埃及和两河流域地区陆地上最活跃的国际商人，一如腓尼基人是海上最成功的国际经商者一样，而且这种情况至少持续了数百年，以至于早期犹太教和基督教的经典文献都是用阿拉美语所写的，因为在当时，阿拉美人的语言早就成了西亚地区的通用语言。

希伯来文明：希伯来人寻找落脚处

现在，我们来认识一下希伯来文明。

希伯来人原本住在两河流域下游。他们是游牧民族，几乎从一登上世界历史的舞台开始就一直在古埃及和两河流域地区四处迁徙。希伯来人曾经企图占领肥沃月湾中一处狭长的地带，就是今天的巴勒斯坦。传说这是一块流着奶和蜜的土地，不过，因为当时这块土地早就被一个名叫迦南的部落占有，于是希伯来人就和迦南人进行了历时多年的战争，但最终不敌非常英勇的迦南人，以失败收场。

摩西领队逃出埃及

接下来该怎么办呢？这时，有人表示，听说在遥远的地方，有一个非常理想的安身之地，凡是去过的人都盛赞不已，建议大伙儿干脆就到那里去吧。这块传说中的美地就是埃及。于是，在族长的带领之下，希伯来人离开了巴勒斯坦，历经千辛万苦，终于抵达尼罗河三角洲东部的草原，并且在那儿安居了几百年。

直到公元前 1300 年左右，埃及法老拉美西斯二世打算建造两座巨型宫殿，需要大量的人力，就将希伯来人当成奴隶，让他们承担各式各样的苦工。希伯来人苦不堪言，但又毫无办法反抗。在拉美西斯二世驾崩之后，希伯来人终于发现了一线生机：趁着当时埃及疲于应付来自四面八方包括野蛮民族和海盗的入侵，无暇顾及其他时，希伯来人的族长摩西[1]决定带领所有族人越过红海，逃出埃及。这就是著名的《出埃及记》的故事（我们在前面第三章介绍苏美尔文明中曾经略微提到过）。

摩西认为只有回到迦南（意思就是回到那块被他们先祖所形容的"流着奶和蜜的土地"）才是唯一的出路，然而因为多数希伯来人都没有勇气去跟强悍的迦南人战斗，摩西只好带着族人到处流浪，就这样过了 40 多年。在摩西过世之后，约书亚接下了摩西的权杖。此时，经过 40 多年生活的磨炼，希伯来人不再像之前刚刚逃出埃及那个时候那么软弱了，于是，在约书亚的带领之下，他们终于如摩西所愿敢于回去跟迦南人战斗，并且在经过一段漫长且艰难的过程之后，最后成功打败了迦南人。

其实在拿回迦南之前，希伯来人还曾经遭遇过另外一支新来的敌人的威胁，那就是来自爱琴世界的腓力斯丁人（巴勒斯坦这个名字就是源自"腓力斯丁"）。腓力斯丁人的严重威胁，使希伯来人有感于过去他们一直以宗教领袖——所谓的"士师"——兼掌军政的做法，似乎已经不能符合时代的需要，不能确保大家的安全，他们需要像其他国家一样，也要有一个国王来负责治

---

1 摩西虽然是非常重要的古希伯来民族领袖，但历史上有关他生平的可信材料却很少，只知道他应该是生活在公元前 13 世纪。他是后世犹太教徒、基督教徒和穆斯林共同拥戴的人物。

理国政。于是，在公元前 1025 年前后，希伯米人推举在战斗中表现得特别勇猛的扫罗为王，希伯来王国就此诞生。

◈ 保存古埃及和两河流域文明文学经典

除了扫罗，希伯来王国还有两位国王，在历史上都非常有名。

● 大卫王。大卫王在位的 40 年，是希伯来王国的极盛时期。他率军击退了腓力斯丁人，强化了以色列十二族的团结，并且在耶路撒冷兴建了一个宏伟气派的国都。

● 所罗门王。所罗门王是大卫王的儿子，也在位 40 年左右，他在位期间是王国最繁荣的时期，据说每年从各个附属国就可以征收相当于 10 万千克黄金的贡品。所罗门在耶路撒冷建造了一座圣殿，把所有的金银财宝都存放在圣殿里，这就是历代相传的"所罗门王的宝藏"。数百年后，当新巴比伦王国的军队攻占耶路撒冷时，这些宝藏不知去向，以至于几千年来仍然有很多人在找寻这些宝藏，这个主题也为许多文艺和影视作品提供了创作灵感。

关于所罗门王，历史上对他的评价不一而足，最鲜明的一个标记就是智慧。时至今日，在西方，在称赞某一个人很聪明的时候，很多人还会用"所罗门的智慧"[1] 来形容。但也有人批评他好大喜功，做了不少国家财政根本无力负担的事（譬如在耶路撒冷建造圣殿），所罗门王因此增加赋税，加重了老

1　关于所罗门的智慧最有名的一个例子应该就是仲裁两个妇女争夺婴儿的故事了。这个故事说，有两个妇女为了抢夺一个小婴儿而闹到所罗门王那里，面对两个妇女都坚称自己是婴儿的母亲、可是又都没有旁证的情况之下，所罗门王命人拿来一把刀，下令干脆把婴儿劈成两半，一人分一半。其中一个妇女一听，立刻脸色发白，恳请所罗门王开恩不要伤害孩子，她愿意放弃，让另外那个妇人把孩子抱走。所罗门王立刻据此判断，这个一心保护婴儿的妇人，才是孩子真正的母亲。

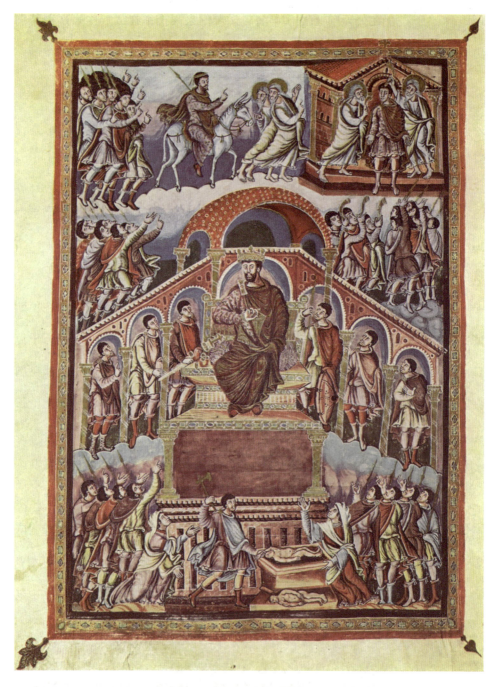

✦ 所罗门王是犹太民族历史上最伟大的君王之一，也是世界上最传奇的君王之一。他依靠智慧征服了国人的心，并
✦ 创造了前所未有的财富

百姓的负担，甚至还出卖领土来弥补财政的缺口。

　　不过，所罗门王很明白王国的地理优势，并懂得善加利用。由于地处欧亚非三大洲的交界处，这里自古以来就是东西方贸易的主要通道，所以他一方面对近邻（譬如埃及）采取友好政策，另一方面也积极开辟和控制某些重要的商业路线，甚至还曾派人远航到东非。

　　在所罗门王死后（公元前 930 年），希伯来王国就分裂了，北部的十族自行建立王国，叫作以色列王国，南部的王国也改称犹太王国。

　　公元前 722 年，以色列王国被亚述人所灭，人民被驱散至各地，史称"失踪的以色列十族"，而犹太王国的国祚则多延续了 100 多年，直到公元前 586 年被新巴比伦王国所灭（这个我们在本章第二节曾经提过）。

　　然而，希伯来人的特别之处便在于即使国家灭亡了，整个民族却依然可以延续，这主要得益于他们的宗教，是宗教把希伯来人始终紧密地联系在一起。事实上，希伯来文明在世界历史中的重要性主要也是因为它的宗教，包括坚守一神信仰（深信世上只有一个救世主）、视神为立法者和审判者等。希伯来人的宗教，是后世两大宗教——基督教和伊斯兰教的共同渊源。

　　希伯来文明中其他重要的部分，包括法律、哲学和文学，其实也都与他们的宗教有关。尤其是文学，无论是质或是量，希伯来文学都是首屈一指，而希伯来文学在流传于世的古埃及和两河流域文明古代文学中又几乎全部保留在《旧约全书》之中。

第七章

文明扩散效应

在古文明的世界中，

掌握铁矿和马匹的游牧民族会威胁农业村落的安定。

但战争也会让世界技术、物产等资源产生交换。

以特洛伊战争为例，

虽然当中包含了美女与英雄荡气回肠的精彩故事，

但在史学家的眼中，

冲突与交融可以说是文明发展的动因。

在战争中的文化交流

讲到这里，我们不妨稍微停下来，想一想，文化究竟是如何扩散的？

打一个也许不是很准确的比喻，就好像一个创业者好不容易开了一家公司，经过一段时间的打拼，也站稳了脚跟之后，几乎都会想再接再厉更上一层楼，继续拓展自己的事业版图，提高自己在社会上的影响力一样，这就是一种向外扩散。而人类文明发展至今，经常有文化向外扩散的现象。

这种现象在本质上是基于物质需求，或者说是为了争夺资源，而在方式上，除了商业行为（就好像我们在前面介绍过的腓尼基城邦），往往免不了会采取战争手段。

当然，从长远的角度来看，文明的进程终究还是要寻求和平，以合作的方式来达到文化交流的目的，只是我们也不能回避一个事实，那就是——战争，尤其是在古代的战争，也会直接或间接促进文化交流，因为两个不同的民族经常或是在战场上首次相遇，或是产生更深层次的接触，而在战后双方又或多或少都会从对方的身上（文化上）吸收到某些因素。

在这一章中，我们先来讨论一下关于文明和野蛮的问题，然后要讲述一场西方古代特别著名的战争——特洛伊战争，交战双方是希腊和特洛伊。这场战争发生在3000多年以前（约公元前1250年），大约就在摩西率领希伯来人逃出埃及的40年后，比腓尼基文字的出现、扫罗被拥立为王、中国周朝建立、擅长使用铁器的亚述帝国建立、印度出现种姓制度等这些重大事件都还要早。

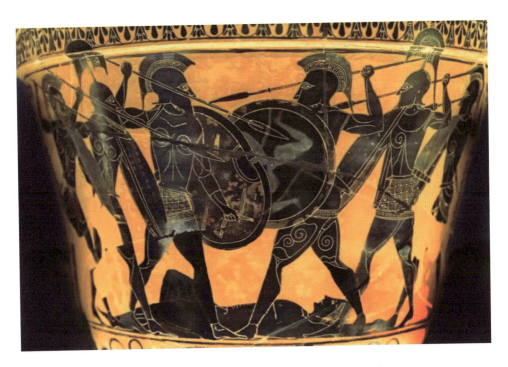

✦ 希腊神话在特洛伊战争中达到顶峰，这是西方文学的基本故事之一，其主题至今仍在回响

　　甚至就连希腊城邦体制都是在公元前8世纪之后，才逐渐成形（这个我们会在《少年爱读世界史2》再作介绍），可特洛伊战争却是发生在距此400多年以前。由于这场战争，位于欧洲东南角、巴尔干半岛南端的希腊和位于亚洲西部小亚细亚的特洛伊，有了比以往更深入的文化交流。

文明与野蛮的对抗

从世界四大古文明我们就可以知道，人类文明发展的过程，几乎都与农业生产技术的进步有关，只有在掌握了一定的农耕技术之后，才会促使人口逐渐集中、城市兴起。与此同时，人们基于彼此沟通和交流的需要，文字的发明遂应运而生，文字的诞生是各个古文化的重要特色。接下来，国家社会组织形成，行政制度建立，人们有了一个管理者，理论上管理者能够站在一个比较宏观的角度管理农业生产，使农业活动发挥最大的效能，以养活更多的人口。而在广大人民的基本生活受到保障之后，工艺产品以及商业活动也才有机会获得提升与发展。像这样的社会，在历史上都属于文明的象征。

与文明相对的概念，自然就是野蛮。不过，请注意，这真的就只是一个相对的概念，就好像冷对热、高对矮、胖对瘦等，不是绝对的，也不是永久不变的。很多游牧民族一旦占据了某一块理想的地域之后，也会慢慢定居下来，然后学习当地的农耕技术，久而久之也就变得比较文明化了。有不少民族是在吃了游牧民族的苦头、被游牧民族征服之后，学会了游牧民族的作战技术或是一些特别厉害的本事，然后反过来驱逐这些游牧民族，恢复自己的文化。然而这里所谓的"恢复"，实际上也已经是吸收了被他们视为野蛮民族的某些文化而形成的新文化。无论如何，在历史的进程中，文明与野蛮就是一直在不断地对抗，然后再不知不觉地相互融合。

在历史上，通常都是那些逐水草而居的游牧民族被称为野蛮的民族。游牧民族出现在世界历史的舞台很早，在公元前 3000 年左右，印欧民族就已经出现了（这里说的印欧民族，文化意义要大于种族意义），学者推测他们很可能是发祥于里海一带。

里海位于欧洲和亚洲的交界处，虽然称之为海，但在现代地图上它并不是海，而是世界上最大的一个内陆咸水湖，只不过，在古代（至少 11000 年以前），里海真的是一片海，是地中海的一部分，它拥有与海洋相似的生态系统。现在里海一共与 5 个国家接壤，分别是俄罗斯、阿塞拜疆、哈萨克斯坦、土库曼斯坦和伊朗，是世界上接壤国家最多的湖泊。

◈ 印欧民族以铁马制胜

其实在很久很久以前，欧亚大草原有两类游牧民族，以阿尔泰山山脉至天山山脉为界，印欧民族在西边，突厥和蒙古等民族在东边。位于东边的游牧民族，由于地理位置使然，不仅可以接近欧洲、中东和印度，也经常让中国备感压力。不过，由于欧亚大草原东半部的生存环境更为艰难，不仅山脉更高，气候也更为干燥，因此自古以来这些游牧民族出于求生本能，总是会自然而然从东边向西边移动。

印欧民族发祥于里海一带之后，也慢慢开始移动，主要的路线有两个，一个是朝着东南方向进入印度，另一个是往西南方向到达小亚细亚和东南欧洲，包括多瑙河平原和后来的俄罗斯南部，这么一来，便对中东和印度河流域文明形成了威胁。

比如，印欧民族中的赫梯人，是历史上第一个懂得如何使用铁的民族，他们在公元前 1900 年左右进入小亚细亚中部（相当于今天土耳其南部），建立了一个强大的王国。这个王国在公元前 1590 年左右曾经攻击过两河流域的古巴比伦王国。公元前 1450—前 1200 年这 200 多年之间，是他们的极盛时期。除了古巴比伦王国，他们也曾经侵扰过包括埃及在内的其他地区。后来大约在公元前 1200 年，他们被一股来自北方的不明势力所灭。

又如，继赫梯人之后，另外一支印欧民族加喜特人（我们在第三章"攻伐不断的两河文明"中提到过他们）在公元前 1600 年左右，从美索不达米亚以东的山脉而来，灭掉了古巴比伦王国。此外，来自古代亚洲西部的胡里安人、以闪米特为主的混合民族喜克索斯人等，都是相当厉害的游牧民族。

这些游牧民族之所以会那么厉害，分析起来不外乎以下几个原因：

1. 原本的生存环境比较恶劣，无形之中也使这些游牧民族培养出比较强

✦ 马车的发明使赫梯人确立了他们的统治地位。这种军事技术允许赫梯人在马后面安装一个三人轮式平台。公元前 1700 年左右，站在战车上的赫梯人弓箭手赶走了亚述人，统一了小亚细亚

悍和坚忍的特质。

2. 既是游牧民族，自然就非常善用马匹，这使得他们具有比较强大的战斗力，每当入侵时总是骑兵对步兵，优势明显。

3. 双轮战车也是由游牧民族发明，时间大约在公元前 1700 年后不久。与以往四轮战车相比，双轮战车更轻盈、更容易操控，速度也更快，这当然又提升了他们的战斗力。喜克索斯人就是用双轮战车击败了埃及人，在公元前 18 世纪至公元前 16 世纪统治过埃及 200 年。

4. 最后，他们会使用铁器，这是游牧民族能够所向披靡的真正关键所在。

尽管早在公元前 4000 年左右，人类就已经知道铁这种金属的存在，但始终无法将它制成像其他金属一样的器具，因为只要一将铁加热熔解、倒入模子，它就会变得很脆，如果作为兵器，则完全不能承受任何猛烈的击打。直到公元前 1400 年左右，赫梯人终于发展出一种独特的方式，用木炭冶炼、锤打，来使铁吸收到一些碳的成分，这样的做法使铁的质地发生变化，一方面仍保有青铜器般的强硬度，但另一方面又变得很有弹性，还很价廉，从此就轻易取代了青铜，人们可以用铁器做成各种不同的武器和用具。譬如，他们除了用铁制作刀剑，还会用铁来制作头盔和甲胄，降低了士兵尤其是步兵在战场上的伤亡。

关于铁器的制作，原本是赫梯人的最高机密，直到公元前 1200 年左右，随着赫梯王国的灭亡，铁器的制作技术很快便流传各地。

◈ 游牧定居互相影响

在结束这一节之前，我们还是要再度强调，文明与野蛮的对抗不是绝对的，同时，文化的扩散也不会是单向进行，经常是相互之间自然而然产生了影响。

譬如，自从加喜特人把马传入两河流域之后，此后无论是在埃及或是西亚，马的使用就愈来愈广，尤其是被作为军事之用，更是非常普遍。又如，来自亚美尼亚高山的胡里安人，曾经在巴比伦之北的亚述地区建立过王国，在公元前16世纪时相当强盛，他们本来是游牧民族，可是一旦定居之后，便逐渐吸收了很多美索不达米亚的文明因素，并且接下来还毫无意外地传播给包括赫梯人在内的很多周围的民族……这些都是文化会交叉影响、并且会自然向外扩散的好例子。

✦ 加喜特王朝统治时期的巴比伦"库都鲁"界碑，

✦ 最上一行图案由左到右，分别代表星星、月亮和

太阳

特洛伊战争

话说在公元前 13 世纪左右[1]，斯巴达[2]出了一位美女，名叫海伦。海伦从小就是一个美人，长大以后更被公认是全希腊各国中最美的女子。希腊各国的王公贵族都纷纷对她展开热烈的追求，有些人即使明知自己希望不大，也以能够见到海伦、一睹芳容为荣。由于追求者实在是太多太多了，后来，大家就自动达成一个君子协议，纷纷表示就让海伦自己来选择丈夫吧，不管海伦选择了谁，今后大家都要一起守护他们夫妻的幸福。

后来，海伦选中迈锡尼国王的儿子墨涅拉俄斯，其他的求婚者也果真都很有风度给予了最大的祝福。不久，墨涅拉俄斯做了国王，海伦成了王后，两人相亲相爱，还生了一个孩子，生活过得非常美满。

1　经过考古学家的努力，已经证实特洛伊战争发生于公元前 13 世纪到前 12 世纪中叶期间，也就是爱琴文明的后期。

2　斯巴达，古代希腊城邦之一。我们会在《少年爱读世界史 2》中加以介绍。

不料，平静幸福的日子突然就被打破了。

◈ 传说中的战争源起

一天，从远方来了一位尊贵的客人，这是来自特洛伊王国的王子帕里斯。当时，特洛伊是位于小亚细亚半岛上的一个小王国，和希腊隔海相望。有朋自远方来，墨涅拉俄斯盛情款待，海伦也一起出席，参与接待。没想到帕里斯和海伦一见钟情，海伦为了爱情竟然不顾一切，抛夫弃子，跟着帕里斯跑了。帕里斯甚至还抢走了王宫里的很多财宝。

这对墨涅拉俄斯来说自然是奇耻大辱。愤怒的墨涅拉俄斯立刻连夜赶到迈锡尼城，找到他的哥哥阿伽门农[1]，阿伽门农是当时希腊各国的霸主，墨涅拉俄斯要求哥哥一定要为他复仇！

阿伽门农得知弟妹居然被一个小国的王子给拐跑了，也非常气愤，马上召集希腊所有的国王来共商对策。大家都义愤填膺，更何况想起当初在墨涅拉俄斯和海伦结婚时，大家不是早就一起誓言要共同守护他们的幸福吗？如今一个小小的特洛伊竟敢如此嚣张，简直是太可恶了！于是，大家很快就推举阿伽门农为统帅，决定共同出兵，消灭特洛伊！

很快，一支由 10 万人马、1000 多艘战舰所组成的希腊联军，就这么浩浩荡荡地朝着特洛伊出发了。当希腊联军出现在海平面上时，那种壮观的场面令特洛伊人无不深感震惊。然而，虽然是他们的王子做了不公不义之事，可是面对希腊大军压境，特洛伊人还是义无反顾地奋起抵抗。

1　阿伽门农，还记得我们在第六章第一节的爱琴文明中提过，那位传奇考古学家施里曼在 1876 年发现了迈锡尼文明吗？当时施里曼非常兴奋，就是因为迈锡尼是特洛伊战争中希腊联军首领阿伽门农的故土。

特洛伊城虽然小，但非常坚固，战争前前后后持续了 9 年。眼看特洛伊久攻不下，那些离乡背井、苦苦作战的希腊士兵，渐渐有些支撑不住，斗志开始慢慢瓦解……

巨大的木马

到了第 10 年，有一天早上，特洛伊人赫然发现希腊联军的军舰竟然都不见了。特洛伊人见状，真是惊喜交加，立刻奔走相告，哇！真是太好了！希腊联军终于撤退了！战争终于结束了！

特洛伊国王立刻派出一支侦察部队出城去仔细查看。侦察结果更令人大吃一惊：希腊联军确实都撤退了，海滩上空空如也，可是却有一个巨大的木马。

希腊人为什么会留下这么大的一个木马？这个木马又是做什么用的？……就在特洛伊人围着木马，一边仰头张望，一边议论纷纷的时候，侦察队员抓到一个希腊士兵，据他自己供述是不小心被误留下来的。不用说，侦察队员当然马上就把这个希腊士兵五花大绑送去见他们的国王。

这个希腊士兵吞吞吐吐地透露，木马是他们用来祭祀雅典娜女神的，之所以会造得这么巨大，是唯恐被特洛伊人拖进城里，那样雅典娜女神就会变成是赐福给特洛伊人了。这个希腊人还说，其实他们的如意算盘是希望特洛伊人在不明就里的情况之下毁掉这个木马，引起雅典娜女神的震怒，如此一来，雅典娜女神就会降祸给特洛伊。

特洛伊国王听了，大喜过望，下令尽快将那个木马拉进城里，好让雅典娜女神赐福给特洛伊。

就在士兵们忙着拉动木马时，祭司拉奥孔赶过来着急地大声阻止，说千万不能把这个木马拉进城，应该把它烧掉，说这一定是敌人的诡计！

✦ 特洛伊人将潜藏危机的木马拉进城内

　　但是没人理他，大家还是手忙脚乱地拼命把木马往城里拉。拉奥孔情急之下，抓起一根长矛就刺向木马，木马顿时发出可怕的响声，把大家都吓了一大跳！大家还没回过神来，又看见两条可怕的大蛇突然从大海里窜了出来，直接就朝拉奥孔和他的两个儿子扑了过去！

　　经过一番搏斗，拉奥孔父子不敌，就这样活生生被两条大蛇给缠死了。紧接着，两条大蛇就无声无息地游到雅典娜女神的雕像下面，神秘地消失了。

　　"看呀！"那个希腊士兵大喊，"一定是因为他想毁掉我们送给女神的礼物，才会遭到这样的惩罚！"

　　如果说之前还有人赞同拉奥孔的看法，只是不敢说出来，如今在亲眼看到拉奥孔父子惨死之后，特洛伊人就再也没有一丝一毫的怀疑了，只巴不得能立刻就把木马给拉进城里。由于这个木马实在是太大了，竟然比特洛伊城墙还要高，为了能够把木马拉进城，他们还不惜拆开了一段城墙。

当天晚上，全城军民一起狂欢，唱歌跳舞，又笑又闹，还大吃大喝，甚至喝光了所有的美酒。到了深夜，每个人都喝得东倒西歪，这才沉沉睡去。即使是沉睡，每个人的嘴角也都带着深深的笑意。十年漫长的战争终于结束了，他们终于同心协力赶走了希腊人，还破坏了希腊人的阴谋，让雅典娜女神转而赐福给特洛伊，怎能不叫人激动啊！

就在全城军民都熟睡之后，那个怂恿特洛伊人把木马拉进城里的希腊士兵（他其实是希腊著名的将领奥德修斯）悄悄来到木马边，轻轻地敲了三下，然后，藏在木马肚子里、一个个全副武装的希腊士兵就鱼贯而出，偷偷溜了下来。他们不仅轻松杀死一堆还在睡梦中的特洛伊守军，还迅速打开城门。

◆ 花瓶上的海伦和墨涅拉俄斯。在特洛伊战争中，墨涅拉俄斯是一个愤愤不平的丈
◆ 夫，带领希腊联军夺回了海伦

那些躲在附近、根本没有离开的大批希腊士兵立刻像潮水一般涌入城内，一时之间，杀声震天，火光满天，特洛伊就这样陷落了。

战后，特洛伊的男人几乎都被杀死了，妇女和儿童则大多被卖为奴隶。希腊人把特洛伊城内的金银财宝全部搜刮一空，然后扬帆而去。海伦也被自己原来的丈夫墨涅拉俄斯带回了希腊。

有很多人把这个故事称之为木马屠城记。这是出自奥德修斯的计谋。直到现在，西方还有一句颇为戏谑的俗语"当心希腊人的礼物"就是从这个故事而来。

在希腊神话中，特洛伊战争是源于一个金苹果之争。传说在一场隆重的皇室婚礼中，因为几乎邀请了奥林匹斯山上所有的神仙，唯独漏掉了"争吵女神"（也有"麻烦女神"一说），"争吵女神"得知之后，怒气冲天地不请自来，朝桌上丢了一个金苹果，没多久就引起一番争吵（难怪人家一开始不敢请她来啊），每个女神都想要得到它，为什么呢？原来，这个金苹果上面有一句话——给最美丽的女神。

稍后，多数女神都放弃了，唯独三位女神仍然坚持非要得到这个金苹果不可，这让天帝宙斯头疼得很，就让她们去找特洛伊的王子帕里斯来评判，看看到底哪一位才是最美丽的女神。为了得到金苹果，三位女神不约而同都设法私下笼络帕里斯。天后赫拉说，只要帕里斯把金苹果给她，就会让帕里斯成为天底下最有权势的君王，智慧女神雅典娜保证会让帕里斯成为一个最聪明的人，爱与美的女神阿佛洛狄忒[1]则许诺会让帕里斯得到全希腊最美的女子。结果，帕里斯把金苹果给了阿佛洛狄忒，因为他不想要权势，也不想要变得多聪明，只想要美人。所以后来在阿佛洛狄忒施行魔咒的情况之下，帕

---

[1] 阿佛洛狄忒在古罗马神话中有一位相对应的女神，叫作维纳斯。

✦ 关于特洛伊战争的另一种说法是，三个女神争夺金苹果引发了这场战争。三个女神
都希望帕里斯能够把金苹果判给自己，于是各自对特洛伊王子帕里斯许诺

里斯才会和海伦一见钟情。而在十年特洛伊战争期间，这些天上的神仙也没
闲着，有的帮希腊，有的帮特洛伊，神仙之间也上演着一场混战。

◈ 希腊联军取得胜利

现在，故事讲完了，让我们回到历史再来看看这场战争。

在史学家的眼里，特洛伊战争自然没那么多钩心斗角，也没那么多罗曼
蒂克，无非就是古希腊为了争夺特洛伊重要的地理位置和贸易权益，然后联
合了赫梯人所发动的侵略战争，而在战后，东地中海成为希腊人的天下，希
腊人也开始向小亚细亚实行殖民，使得东西方有了初步的文化交流。

第八章

进入古典时代之前

四大河流域文明与爱琴文明发展成熟后，

就进入了古典时代。

在这个阶段，

希腊文明也已展现出精彩的文明要素，

希腊神话故事为全人类的艺术创作提供了丰富的素材。

希腊人每隔四年举办一次的城邦运动会，

时至今日，仍是人人期盼的跨国盛会，

也是世界和平的象征。

认识古希腊文明

关于世界史的序幕，我们讲到这里已经差不多了，从《少年爱读世界史2》开始，我们就将进入古典时代（至于什么是古典时代，请容在《少年爱读世界史2》再作详细的说明）。

不过，由于讲到古典时代首先要讲的就是希腊文明，希腊文明可说是后世西方文明的根源，再经过罗马文明的发扬光大，不仅英国史学家费希尔曾经非常明确地指出，"我们所有的欧洲人都是希腊的后裔"，英国著名诗人雪莱（1792—1822年）也曾经说"我们都是希腊人"，因为"我们的法律、文学、宗教、艺术……其实都是根植于希腊"。就整个人类文明史尤其是西方文明史而言，希腊文明确实是太重要了。

不过，还记得我们在第六章第一节爱琴文明中曾经提到过的，直到19世纪下半叶，世人才恍然得知，原来在古希腊文明以前，竟然还有一个更为古老的爱琴文明，而且爱琴文明还可以说是希腊文明的先驱呢！这是因为在希腊人还没有进占到爱琴区域之前，在当时的古埃及、两河流域文明和地中海

✦ 雪莱是英国文学史上有才华的抒情诗人之一，被誉为诗人中的诗人，与乔治·戈登·拜伦并称为英国浪漫主义诗歌的"双子星座"

世界，世界文明的中心显然还是在大河流域，而在希腊人进占爱琴区域之后，一切就都不一样了。尽管希腊人一度使得爱琴区域进入到黑暗时期（想想看，特洛伊在被希腊人攻破之后就彻底成了一片废墟啊！），只是后来希腊人就这样在爱琴文明的废墟之上，渐渐培育出自己的文明，历时数百年，到公元前6世纪，希腊文明真正臻于成熟，有了自己的特色，并且普遍影响了整个地中海区域，从此地中海文明继尼罗河流域文明和两河流域文明，成为西方新时代文明的中心。

在本书结束之前，也就是在《少年爱读世界史2》正式介绍古典时代之前，我们不妨先来了解一些关于古希腊的文化，算是一个热身吧。

希腊宗教思想与奥林匹克运动会

也许当你第一眼看到这个标题的时候，会觉得有些奇怪，为什么会把希腊宗教思想和奥林匹克运动会放在一起呢？这当然是有原因的。不仅仅因为奥林匹克运动会起源自希腊，已经有超过 2700 年以上的历史，而且在古代希腊社会，运动会本来就是属于祭祀活动的一个环节。

所以，在讲述关于奥林匹克运动会之前，我们还是有必要先花一点功夫来稍微了解一下希腊人的宗教思想。

◈ 热闹的奥林匹斯山

古希腊人信奉的是多神教，他们整个宗教文化与奥林匹斯山的关系很深。准确来说，奥林匹斯山不是一座山，而是绵延不断长约 40 千米的山脉，位于希腊北部，靠近爱琴海海岸，最高峰近 3000 米。

在古希腊人心目中，在奥林匹斯山上住着很多很多的神仙，这些神仙的

✦ 希腊化时代奥林匹斯十二神浮雕残片。奥林匹斯十二神分别是：众神之王宙斯、天后赫拉、炉火女神赫斯提亚、海神波塞冬、农业女神德墨忒尔、智慧女神雅典娜、光明之神阿波罗、狩猎女神阿尔忒弥斯、美神阿佛洛狄忒、战争之神阿瑞斯、火神赫菲斯托斯、神使赫尔墨斯

模样和一般凡人几乎没有什么不同。比如天神宙斯是一个中年壮汉，看上去就是一位十分威严的统治者；爱与美的女神阿佛洛狄忒是一位绝色美女；太阳神阿波罗则是男性美的象征；战神阿瑞斯是一个戴着头盔、手持长矛的英俊青年；酒神狄俄尼索斯身材肥胖，有一个大肚子（所以"啤酒肚"之说是有道理的）。死神塔纳托斯的形象不只一种，一般是一位长着翅膀、蓄着胡须、年纪偏大的长者，但有时也会以一个没有胡子的年轻男子，或是一个小孩子的面貌出现。

这些神仙即使出身比较特殊，譬如阿佛洛狄忒女神诞生在浪花之中，雅典娜女神是从天帝宙斯的脑袋中跳出来的，酒神狄俄尼索斯在足月之前被缝在天帝宙斯的大腿里等等；或者他们在装扮上毕竟还是与凡人不同，譬如众神的使者赫尔墨斯，脚上穿着的是一双带有翅膀的凉鞋，意味着动作敏捷等，但基本上这些神仙和凡人可以说没有什么根本不同。比如，他们都有自己喜欢的动物，阿佛洛狄忒女神最爱鸽子，战神阿瑞斯将兀鹰视为圣兽，狩猎女神阿尔忒弥斯最喜欢鹿和猎犬，海神波塞冬喜欢马（传说马这种动物就是波塞冬创造的，当他后来统治海洋以后，还将几匹马变成长着尾鳍的鱼马杂交的动物，让它们在水中为他拉车）等，最重要的是，这些神仙也都像凡人一样有着七情六欲和各式各样的情绪。前面说过的"金苹果之争"，就充分流露出三位女神的好胜和虚荣，而在整个特洛伊战争当中，众多神仙各自站队，分别支持希腊或特洛伊，其中也有很多是出于自己的私心。

就是因为这些神仙都太像凡人了，所以在古希腊人看来，他们都十分可亲。所谓的神，并不是那么高不可攀。甚至有很多古希腊英雄都属于半人半神，譬如在特洛伊战争中希腊联军的第一勇士阿喀琉斯就是一个典型的例子。传说阿喀琉斯是海洋女神忒提斯和英雄珀琉斯的儿子，在他出生后，母亲忒提斯为了保护他，抓住阿喀琉斯一只小脚的脚踝，把他倒提着浸入冥河之中，从此阿喀琉斯就全身刀枪不入，只有没被冥河之水浸到的脚踝是他唯一的弱点。还有另外一个版本是说，在阿喀琉斯出生后，母亲忒提斯先用天火把儿子凡人部分的躯体烧掉，再用神膏将他恢复，但因在最后关头忒提斯担心被珀琉斯发现而停手，匆匆离开，结果剩下脚踝部分还来不及保护好，所以这里就成了阿喀琉斯浑身上下唯一的弱点。

在特洛伊战争中，阿喀琉斯不仅杀了特洛伊最高统帅赫克托尔，还大肆

✦ 1世纪，罗马银杯上刻有阿喀琉斯的头像

屠杀特洛伊人，引起太阳神阿波罗的强烈不满，便隐藏在乌云之后朝着阿喀琉斯的脚踝放了一箭，除掉了阿喀琉斯。

而赫克托尔是一个凡人英雄，他是特洛伊国王的长子，也是那个拐跑人家妻子的帕里斯王子的哥哥。赫克托尔有勇有谋，在战争期间，他代替年迈的父亲负责指挥作战，一次次抵挡住了希腊联军凌厉的攻势，最后因"众神的裁决和宿命"而死于阿喀琉斯之手。很多人都说，如果赫克托尔没死，奥德修斯那个木马屠城的计谋就绝不可能得逞。

在希腊人看来，就是由于这些住在奥林匹斯山的神仙们总是争斗不休，人间才会有那么多的纷纷扰扰。或者也可以这么说，我们凡人实在是太过渺小，是那些天神在默默决定我们的命运。就好像只不过由于三位女神都争着想要一个金苹果，想要得到"最美丽女神"这样的称号，竟不惜在人间掀起一场长达10年的战争。又比如赫克托尔由于"众神的裁决和宿命"，在决斗还没有展开之前，就已注定必将死于阿喀琉斯之手，怎么也活不了。

此外，这些神仙们经常都是"身兼数职"，比如，阿波罗既是太阳神，也是预言、音乐和医药之神，以及消灾解厄之神，同时还是人类文明、迁徙和航海的保护者，众神的使者赫尔墨斯同时也是商业、旅者、小偷和畜牧之神，战神阿瑞斯同时也是战斗、魄力与暴乱之神，智慧女神雅典娜同时也是战争和纺织女神（因此也有人喜欢称她为"女战神"）等，可以说涵盖了古希腊人生活的方方面面（想想看，就连小偷也可以有神来保佑……）。

◈ 以神话解释自然万象

希腊神话其实起源于古老的、曾经在历史上消失了很长时间的爱琴文明，和中国商周文明略微有些相像之处，那就是对一切大自然的现象都感到神秘难解，对有关生命的重大课题也已经开始积极思考，而在那样一个科学还不够昌明的时代，人们尽情地发挥想象力，用故事的方式来解释周遭的一切，似乎是一件很自然的事。

在希腊人的想象中，举凡生活里大大小小的自然现象或是日常事务，都会有一个相对应的神，都值得也应该受到凡人的膜拜，这就是所谓多神信仰最基本的含义，所以我们在本章一开始就说过"古希腊人信奉的是多神教"。希腊的神仙之多，真是令人咋舌，公元前 8 世纪的希腊诗人赫西俄德甚至还费了很大的精力写成《神谱》，后世对希腊神话的了解，主要就是根据这本《神谱》。

根据赫西俄德的描述，希腊诸神也像凡人家族一样是逐步发展的。最初，天地尚未形成，所谓的世界只不过是一个广阔无边、空空洞洞的空间，叫作"开奥斯"或译作"混沌"。和盘古开天故事中盘古最初所在的那个"世界"还挺相似的，随后才诞生了大地之母盖亚，盖亚是乌拉诺（或称作"天"）的母亲，同时也是他的妻子。盖亚和天神乌拉诺以及海神蓬托斯等便是希腊第一代的神祇。

✦ 古希腊著名诗人赫西俄德因为其代表作《神谱》被称为"古希腊训谕诗之父"。今天，赫西俄德的作品让我们更加了解古希腊神话

盖亚和天神乌拉诺以及海神蓬托斯都生了一些子女，这便是第二代神祇。盖亚和天神乌拉诺所生的子女称为泰坦，意思是"巨人"，代表着世界最初的一些事物，包括太阳、月亮、时间、正义、记忆等，盖亚和海神蓬托斯所生的五个孩子则分别代表了不同的海。所以盖亚实际上是众神之母，也就是奥林匹斯神的始祖。

在泰坦中有一位名叫克洛诺斯，是时空的创造与破坏之神，会吞噬一切的时间，他领导兄妹一起针对父亲（也就是天神乌拉诺）发动叛乱，并把父亲阉割，使父亲从此丧失了神力。

之后，克洛诺斯娶了自己的姊妹瑞亚，生下一些包括宙斯在内的神裔。接下来，克洛诺斯因为得知自己命中注定也将被自己的子女之一推翻，为了阻止自己推翻父亲的惨剧再度重演，克洛诺斯便狠心先下手为强，打算把自己的子女一一吞食，这些子女就这样几乎大都死于非命，宙斯却幸运地因为母亲瑞亚的掩护而侥幸逃过一劫。后来，宙斯就联合其他幸存的兄妹，一起把父亲以及其他的泰坦们打败，并且把他们放逐，仅仅留下阿特拉斯，让他成为擎天神。

此后，宙斯就成为天神和众神的领袖，和他的妻子（譬如赫拉）、兄妹（譬如波塞冬），以及很多子女（譬如雅典娜、阿瑞斯、阿波罗等等）都被称作第三代神祇。

宙斯以霹雳为武器，负责维持天地间的秩序，公牛和鹰是他的标志。他有七位合法的妻子，但唯有第七位妻子赫拉被冠上"天后"之名，赫拉因此成为奥林匹斯共同的统治者，一直陪在宙斯的身边。宙斯还有数不清的女人，其中还有许多凡间的女子，这些女子为宙斯生了很多孩子，据说就是各地的祖先。

总之，这些神仙都被高度拟人化，这是希腊神话最特别也最迷人之处。神仙们不但容貌、体态酷似凡人，而且一个个都性格鲜活。凡人有的喜怒哀乐，他们都会有；凡人有的缺点，他们同样也会有。更特别的是，即使贵为神仙，他们依然会一时糊涂，依然会为情所困，依然会受限于自己的弱点，依然会需要在关键时刻作出某种抉择，也依然得面对自己的命运。这些神仙与凡人最大的不同，似乎只在于凡人总不免会经历生老病死，无人可以回避，但神明则是永生，如此而已。

希腊神话不仅是希腊文学的土壤，更为后世欧洲文学提供了可观的养分，影响深远。不过，值得注意的是，如此灿烂多彩、生动活泼的希腊神话，当然不是一朝一夕形成的，这中间也经过长时间的累积和丰富，并且还与真实的历史紧密相连。

比如，一开始古希腊人看待世界的眼光、他们发挥想象力的重点，是在宇宙之间万事万物都有生命，所以他们把自己所看到的一切都拟人化，且大多建立在对大自然的崇敬以及人性的物质需求，然而后来当爱琴文明被希腊人[1]入侵之后，希腊半岛人口过剩，人们不得不开始向外寻找和开拓生存空间，这个时候大家最崇拜的就是那些富有冒险精神、勇敢机智又非常强大的英雄，因此产生了很多英雄豪杰的传奇故事。这些数量庞大，经过很长时间、注入了很多人的心血，才共同创造出一系列有人、有神、有物的故事，被学者统称为希腊神话。

公元前十一十二世纪到前七八世纪这段为时数百年的岁月，则被史学家称为神话时代。

所有的神话故事最初都是以口耳相传的方式，一代又一代传了下来，直到公元前 7 世纪左右，才由大诗人荷马整理记录在《荷马史诗》当中。

1　在这里，希腊人是一个泛称，实际上还可以细分，比如参与特洛伊战争的希腊人在《荷马史诗》中被称为亚契安人。

以运动表达崇敬感恩

正因为古希腊人相信这些肉眼看不见的神仙们都跟凡人生活在一起，会积极参与凡人的事务（无论是好事还是坏事），所以他们的生活和文化的最大特色就是离不开宗教与神话，到处都有宗教与神话的影子。

希腊宗教没有特别繁琐的教义，但由于人们普遍深信神能够主宰人间的喜怒哀乐、决定凡人的命运，所以他们非常重视各种节庆的祭祀。祭祀活动在古希腊人的生活中有着相当重要的地位。同时，为了让神喜悦，他们认为只有将人类最美好的部分全部奉献给诸神，如此方能表示自己对神的崇敬和感恩，进而希望能够在神的帮助之下，实现自己的美好愿望。

哪些才是人类最美好的部分呢？最真诚善良的道德，还有最健壮的身躯、最强大的力量、最勇猛的意志以及最高超的技艺等，这些都是。而除了什么是"最真诚善良的道德"这一点十分主观实在不易评估之外，其他诸如健壮、力量、意志和技艺等等倒是都可以通过相对比较，而找出一位最厉害、最出色的人选，于是就有了竞技。这就是现代概念中"运动会"的雏形。

当时，关于祭祀神明有四大主要的集会活动，分别是祭祀天神宙斯的奥林匹克竞技会、祭祀太阳神阿波罗的皮西安竞技会、祭祀海神波塞冬的依斯米安竞技会，以及祭祀大力神赫拉克勒斯的尼米安竞技会。由于宙斯是奥林匹斯十二主神之首，统治着宇宙万物，人们常用"神王""众神和人类的父亲"来称呼他，因此祭祀宙斯的奥林匹克竞技会自然也就格外受到重视。

在竞技开始之前，会有一些必要的程序，包括由祭司负责点燃圣火、祈祷、敬献贡品等。古希腊的竞技会是禁止妇女参加的，这是因为希腊人认为妇女参加有渎神明，妇女观看男性在竞技中暴露的身体也有伤风化等。这些历史悠久的传统，甚至还影响到现代奥运会初期的一些规定、制度以及仪式。

比如，第一届现代奥林匹克运动会在 1896 年举行，但直到 1900 年才首次

有女性运动员参加，这也是女性参与体育赛事的开始。

◈ 竞技输赢取代战争

第一个有文字记载的"奥运会"（在当时自然还只是运动会），是在公元

前 776 年举行的，但学者们公认在此之前运动会就已存在。最初竞技的项目

只有短跑。希腊人把短跑称之为"斯泰德"（stadion），意思就是场地跑步，

后来英文里面体育场、运动场（stadium）这个名词，就是源于斯泰德。而

最初短跑的跑道长度是 192.27 米，这个长度也是有典故的，传说这是大力

神赫拉克勒斯脚掌长的 600 倍。

由于这种大型的运动会是每四年举行一次，古希腊人还据此将其作为一

种计算时间的方式，每当他们说"一个奥林匹亚"就表示 4 年，因为这是两

次运动会之间相隔的时间。

过了一段时间，在短跑之后，角力和战车速驰等项目也陆续加入，成为

竞技的项目，很明显都是带着浓厚军事色彩的技艺。由于古希腊属于城邦制，

各国（也就是各个城邦）之间经常互相征伐，后来就有人提议，至少在运动

会举行期间休战，大家只要在运动会上过过招就行啦，这项提议获得了积极的

响应，于是像这样有很多城邦推派选手参与的大型运动会，就成为人类和平

的象征。

按历史记载，从公元前 776 年一直到公元 393 年，在这 1169 年之内，

除了第 175 次大会是少年竞技者参赛，以及第 221 次大会受到政治因素而延

办，古代这种大型运动会一共举行了 291 次。后世在论及奥运会的历史时，

往往都会把这 291 次古代大型运动会直接就称之为奥运会了。

　　至于古代大型运动会后来为什么会没落，其间有很多原因，主要还是由于希腊城邦之间争战不休，就连体育风气也在连年争战的影响之下，逐渐远离了初衷，那就是运动对道德的陶冶，以及竞技一定要讲究公平竞争的本质。

　　从公元前四五世纪开始，在竞技中获胜的选手开始有了物质奖赏，这立刻刺激了职业运动员的诞生（所以，职业运动员原来也有2000多年的历史了）。之前长达三四个世纪的时间里，获胜都只是一种荣誉。结果，在物质诱惑下，甚至有许多过去的教练和裁判也纷纷跳入场中，争相成为运动员。这么一来，原本只是为了要让神喜悦的祭祀活动，以及提倡业余体育的健康意义就此受到污染，只要是有钱的王公贵族或富商，都以身边养着一些优秀的运动员而得意扬扬。没过多久，大型运动会就逐渐成为有钱人赌博的工具，优秀运动员也成为有钱人之间买卖的商品。

　　此外，基督教的兴起，也是促使古希腊这种大型运动会没落的原因。因为基督教属于一神教，在基督徒看来，古希腊人所信奉的多神教以及立足于多神论的所有祭祀活动，都是违反上帝的旨意，应该极力排斥。随着基督教的日益壮大，古代希腊宗教思想和奥林匹克运动会自然就不断受到排挤。在393年，拜占庭帝国（也就是东罗马帝国）的皇帝狄奥多西一世，声称这种运动会是异教徒的活动，下令废除，运动会就此消失。到了19世纪末，在法国教育家顾拜旦（1863—1937年）热心奔走下才得以恢复。顾拜旦也因此被尊称为"现代奥林匹克之父"。

　　第一届现代国际奥运会于1896年4月5日在希腊雅典举行，虽然只有13个国家、近300名运动员参加，但这是首次国际性的比赛。在这一届的奥运会上，也决定了往后奥运会将由奥委会各成员国轮流举办，每4年举行

现代奥运会创始人顾拜旦男爵

奥运五色环，是现代奥林匹克运动创始人顾拜旦于 1913 年设计的，蓝色代表欧洲，黄色代表亚洲，黑色代表非洲，绿色代表大洋洲，红色代表美洲

一次，每次会期不超过 16 天等原则。

100 多年以来，除了第 6 届（1916 年）、第 12 届（1940 年）、第 13 届（1944 年）奥运会由于战争原因而停办之外，每四年一次的奥运会早已成为全世界瞩目的盛事。

第一届现代奥运会于 1896 年在希腊雅典举行，据说这场参加这场开幕式的人数达到了 8 万人，这一数字直到 1932 年洛杉矶奥运会才被打破

神秘荷马留下文学史诗

在希腊历史中，公元前 1200 年前后的 4 个世纪通常被称为荷马时期，这里所说的荷马就是指《荷马史诗》的作者荷马。关于荷马时期的文化，我们会在《少年爱读世界史2》再作介绍，这一节我们要来谈谈荷马这个人。

说起来也挺不可思议，荷马如此重要，重要到连史学家都将长达 4 个世纪的希腊历史以他的名字来命名，可是在一段不算短的时间里，许多人却非常怀疑，在真实的历史上到底有没有过这么一个人。有人怀疑"荷马"或许只是某一个诗人团体的名称。不过，经过许许多多的考证之后，现在大家还是普遍倾向于相信在很久很久以前，确实曾经有过这么一个人存在，只是有关于他的资料留存下来的实在是太少罢了。

接下来，关于荷马的性别、出生地乃至生平，也引起很多讨论和争议。

曾经有人认为荷马是一位女性，不过更多的学者还是认为应该是一位男性。至于荷马的家乡，在希腊前前后后至少有过 7 个以上的城市竞相宣称是荷马的出生地，这些城市当然都各自拿出了所谓的证据，但截至目前，最有

✦ 法国画家威廉·阿道夫·布格罗绘制于 1874 年的《荷马和他的向导》

说服力的还是位于爱琴海东岸的伊奥尼亚，这是因为在《荷马史诗》中出现了很多伊奥尼亚的方言。

接下来，学者们努力想要确定荷马所生活的年代。古希腊史学家希罗多德认为，荷马所生活的年代距离他自己的时代至多不会超过 400 年，也就是大约在公元前 850 年前后，这个推论广为大家所接受。不过，希腊另外一位跟希罗多德差不多算是同一时代的史学家修昔底德（约公元前 460—约前 400 年）则认为，荷马所生活的年代应该距离特洛伊战争不会太远，也就是大约在公元前 12 世纪早期。

当然，荷马的身份也是一个重要的问题。有些古代学者认为荷马是一个奴隶，是从巴比伦被掳到希腊的，因为"荷马"这个字在古希腊文里头就是"人质"的意思。然而，长久以来大多数学者还是普遍支持"荷马是一位盲诗人，靠着行吟演唱来维持生活"之说。只不过荷马即使是盲人，应该也并不是天生失明。长久以来大家之所以会普遍相信荷马是盲人，一来是因为古代的乐师通常是盲人，二来是由于古希腊人相信盲人往往更能看清事物的真相，这个部分就又要谈到希腊神话了。

希腊神话中，有一位盲人预言家忒瑞西阿斯非常厉害，甚至在冥界都仍有预言的才能，希腊英雄奥德修斯还曾经被派往冥界，去请忒瑞西阿斯预卜过未来。

所谓《荷马史诗》，是由《伊利亚特》和《奥德赛》两部史诗所组成。被发现于 18 世纪的《伊利亚特》，长达 15693 行，叙述希腊联军围攻特洛伊的故事，集中描写了在战争结束前 50 天内所发生的事。《奥德赛》则有 12105 行，主题是描写希腊将领奥德修斯在战后返国，在海上漂流了 10 年，也是集中描写在最后一年左右的故事。这两部作品，不仅结构严谨，情节精彩，而且人物形象都十分鲜明，跃然纸上，语言也很精练生动，令人回味无

✦ 古希腊著名历史学家修昔底德生于一个富裕而且显贵的家庭，曾经被推选为"十将军"之一，带领色雷斯舰队驰援被困者。他的代表作《伯罗奔尼撒战争史》是用 30 年时间编写的一部未完成之作

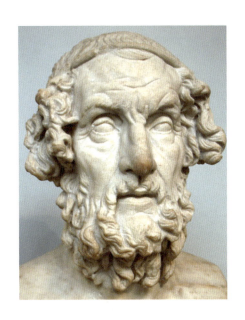

✦ 《荷马史诗》开创了西方文学的先河，希腊人一直将其视为希腊文化的精华和民族的骄傲，著名诗人但丁更是将荷马称为"诗人之王"

穷，总忍不住想要一读再读。

在古代，《荷马史诗》非常流行，尤其是在希腊，不仅爱好文学的人喜欢读，连许多政治家和军事家也爱读，亚历山大大帝在征战途中就还不忘随身带着《伊利亚特》。

《荷马史诗》是西方第一部重要的文学作品，荷马也因此被称为欧洲"四大史诗诗人之一"，甚至是"四大史诗诗人之首"，另外三位则分别是意大利的维吉尔（公元前70—前19年）和但丁（1265—1321年），以及英国的弥尔顿（1608—1674年），但丁更曾经盛赞荷马是"诗人之王"。

总之，荷马被认为是古代西方史中最伟大的诗人，即使《荷马史诗》里的材料应该是之前好几个世纪以来民间口头文学的结晶，经过很多人的增删处理，但仍无损于荷马的成就，无损于《荷马史诗》的杰出，以及对后世西方文学和史学的巨大贡献。因为《荷马史诗》不仅文学价值极高，同时也是古希腊公元前1200年后四个世纪中唯一的文字史料，非常鲜活地反映了爱琴文明，所以后世学者才会把这个时期称之为荷马时代或英雄时代。

历史不会消失

从本书开始，我们出发了，世界史已揭开序幕，我们将按照时间之河顺流而下，慢慢展开浩瀚迷人的历史之旅。

所谓历史，就是已经发生过的事，不可更改，哪怕是上一秒也已成了历史。

进一步说，凡是发生过的就必留下痕迹，永远不会消失，即使当时因为某种缘故而暂时离开了众人的视野，也还是会一直那么安安静静地待在那儿，等着后人发现。就像我们在第六章介绍的爱琴文明，这么古老、这么重要的文明，重要到它是希腊文化的先驱，可居然是到 19 世纪下半叶才被发现，真是不可思议！想想看，在它被发现之前，世人虽然还不知道爱琴文明的存在，但爱琴文明不是一直都在那儿吗？并不曾消失，也无损其价值，因为等到被发现之后，世人自然就会明白它的价值。

历史就是这样，在发生的那一刻就已注定了它的意义和价值。历史不会改变，只不过有时在当时不一定能被很好地解读，甚至是保留。

再看看爱琴文明被挖掘出来的经过，就更是令人赞叹了。设想那位业余成才的德国考古学家施里曼，在他小的时候，当他跟别人说起特洛伊战争也许是确有其事的时候，别人多半嗤之以鼻，笑他没办法区分真实与幻想吧……

"那只是一个故事啊！那么认真干吗！"当时一定很多人都是这么说的吧。没想到在施里曼的心里，想要寻找特洛伊古城的想法是那么的坚定、那么的根深蒂固，以至于后来他都已经经商致富了，可还是放着舒舒服服的优渥日子不去享受，在年过半百的时候跑到小亚细亚考古去了！

施里曼的一生似乎就是为了要寻找特洛伊古城这个目标而活着，所以即使是在早年当他一路奋斗、为考古所需经费累积财富的时候，他也一直同时在做着准备，最有力的证明就是他自学了那么多种语言。这样的毅力真是令人佩服！看来

后
记

世间真是没有什么是不可能的啊!

　　然而，历史有时就是这么充满了戏剧性，譬如施里曼所挖掘到的特洛伊古城，后来才知道原来在同一个地点竟然有九层遗址上下叠置，其实第六层才是当年爆发特洛伊战争时的城市，施里曼所挖掘到的那一层，实际上年代比特洛伊战争还要久远得多!

　　无论如何，多亏了施里曼，感谢施里曼，正是施里曼让我们有机会认识爱琴文明。

▶ 参考书目

1. 王曾才著：《世界通史》（增订 2 版），台北：三民书局，2018 年 5 月。

2.［英］宫布利希著，张荣昌译：《写给年轻人的简明世界史》，台北：商周出版社，2018 年 3 月第 2 版。

3.［英］安德鲁·马尔著，邢科、汪辉译：《BBC 世界史》，台北：远足文化，2018 年 9 月第 2 版。

4.［日］岛崎晋著，黄建育译：《世界史是走出来的》，台北：商周出版社，2017 年 5 月初版。

5. 李光欣编：《世界史年表》，台北：汉宇国际文化有限公司，2015 年 8 月初版。

6. 王德昭著：《西洋通史》，台北：商务印书馆，2017 年 5 月初版。

7. 刘增泉著：《西洋上古史》，台北：五南图书，2015 年 8 月初版。

8.［法］巴森著，郑明译：《从黎明到衰颓》（上下册），台北：猫头鹰出版社，2018 年 2 月第 4 版。

9. 王任光著：《文艺复兴时代》，台北：稻乡出版社，2002 年 11 月初版。

10. 王曾才编著：《西洋近世史》，台北：正中书局，2012 年 4 月第 3 版。

11. 王曾才著：《西洋现代史》，台北：东华书局，2013 年 6 月第 7 版。

12.［美］罗伯特·帕克斯顿、朱莉·何伟著，陈美君、陈美如译：《西洋现代史》，台北：圣智学习亚洲私人有限公司台湾分公司，2016

11 月初版。

13. [美] 麦克·哈特著，赵梅等译：《影响世界历史 100 位名人》，台北：晨星出版社，2000 年 12 月初版。

14. 傅乐成编著：《中国通史》(上下册)，台北：大中国图书公司，2011 年 10 月。

15. 薛化元编著：《中国近代史》，台北：三民书局，2018 年 2 月增订第 7 版。

16. 薛化元、李福钟、潘光哲编著：《中国现代史》，台北：三民书局，2016 年 2 月增订第 5 版。

附录二

▶ 专有名词翻译对照

Achaemenes 阿契美尼斯

Aegean Sea 爱琴海

Agamemnon 阿伽门农

Age of the Great Pyramid 大金字塔时代

Ahmose 阿赫摩斯法老

Akhenaton 埃赫那吞

Akkad 阿卡德

Alexander of Macedonia 马其顿的亚历山大

Altai Mountains 阿尔泰山脉

Amenhotep IV 阿蒙霍特普四世

Amenophis III 阿蒙诺菲斯三世

Amorites 阿摩利人

Arabian Desert 阿拉伯沙漠

Ark of the Covenant 约柜

Ashurbanipal 亚述巴尼拔

Assyria 亚述

Astral religion 星辰教

Atlas 阿特拉斯

Aton 阿吞

Australopithecus 南方古猿

Babylon 巴比伦

Brahma 梵天

Brahmanism 婆罗门教

Hieroglyphics 象形文字

Hinduism 印度教

Homer 荷马

Homo erectus 直立人

Homo habilis 能人

Homo Neanderthalis 尼安德特人

Homo sapiens 智人

Horus 荷鲁斯

Indian Subcontinent 印度次大陆

Indus River 印度河

Interglacial period 间冰期

Ionia 伊奥尼亚

Iran 伊朗

Isthmian Games 依斯米安竞技会

J.G. Andersson 安特生

Jainism 耆那教

James Henry Breasted 詹姆斯·亨利·布雷斯特德

Jean F. Champollion 让·F·商博良

Jordan River 约旦河

Judah 犹大

Judges 士师

Kassites 加喜特人

Kshatriyas 刹帝利

Lebanon 黎巴嫩

Libyan Desert 利比亚沙漠

Magadha 摩揭陀

Manusm iti 摩奴法典

Mauryan Dynasty 孔雀王朝

Memphis 孟菲斯

Menelaus 墨涅拉俄斯

Mercury 墨丘利

Mesopotamia 美索不达米亚

Mount Olympus 奥林匹斯山

Mummy 木乃伊

Nebuchadnezzar 尼布甲尼撒

Nemean Games 尼米安竞技会

Olympic Games 奥林匹克竞技会

Palestine 巴勒斯坦

Papyrus 莎草纸

Parvati 雪山神女

Pataliputra 巴特利普特那

Percy B. Shelley 雪莱

Persia 波斯

Persis 波西斯

Pharaoh 法老

Phoenicia 腓尼基

Pierre de Coubertin 顾拜旦

Pontos 蓬托斯

少年爱读世界史 1 ❤ 埃及女王，为什么你爱戴上假胡子？